cuisiner **Thaï** en 3 éta

cuisiner Thaï en 3 étapes

Jody Vassallo
Photographies de Deirdre Rooney

Marabout

80 recettes
en 3 étapes pas à pas

Les ateliers Marabout

sommaire

les ingrédients de la cuisine thaïe	6
avoir le bon matériel	10
culotter un wok	12
faire cuire le riz	14
confectionner des rouleaux de printemps	16
pâtes de curry	18

entrées & soupes 24

Porc sauce satay	26
Dip de porc et caramel	28
Croquettes de poisson	30
Soupe de nouilles, porc et crevettes	32
Tom yum goong (soupe de crevettes)	34
Tom kha gai (soupe de poulet)	36
Boulettes de crevette	38
Soupe de nouilles de riz au bœuf	40
Nems	42
Feuilletés de légumes au curry	44
Rouleaux de printemps	46

légumes 48

Som tom (salade de papayes vertes, cacahuètes et piment)	50
Légumes sautés	52
Tofu sauté ail et poivre	54
Aubergines sautées	56
Salade mee grob	58
Pad siewe (nouilles de riz, légumes et tofu)	60
Légumes aigres-doux	62
Riz frit aux légumes	64
Salade satay au tofu épicé	66
Curry de tofu et de légumes verts	68

poissons & fruits de mer 70

Bar vapeur, citronnelle et piment	72
Lutjan frit sauce aigre-douce	74
Nouilles de riz plates aux fruits de mer	76
Crevettes à la confiture de piments et basilic	78
Riz sauté aux fruits de mer	80
Calamars sautés ail et poivre	82
Curry chu chi de noix de Saint-Jacques et poisson blanc	84
Salade de crevettes glacées	86

volailles 88

Poulet grillé Bangkok	90
Poulet sauce satay	92
Poulet sauté aux noix de cajou	94
Curry vert de poulet aux aubergines	96
Canard au curry et à l'ananas	98
Curry jaune de poulet	100
Curry vert de poulet parfumé	102
Poulet pimenté au basilic	104
Nouilles épicées au poulet	106
Pad thaï au poulet	108
Laksa de poulet	110
Sauté de poulet au gingembre et pois gourmands	112
Curry de poulet au maïs et pousses de bambou	114

viandes 116

Bœuf Penang	118
Travers de porc à la façon nord-thaïlandaise	120
Laab moo (porc haché aux herbes, concombre et chou chinois)	122
Salade de bœuf grillé	124
Curry de bœuf masaman	126
Nouilles sautées au bœuf, sauce d'huître	128
Curry de bœuf aux feuilles de citron kaffir	130
Curry de porc Chiang Mai	132
Sauté de porc sauce soja	134
Porc au piment et au basilic	136

desserts 138

Gâteau de banane à la noix de coco	140
Bananes au lait de coco sucré	142
Flan à la noix de coco	144
Riz noir gluant	146
Riz gluant à la mangue	148
Beignets de banane	150
Crêpes à la banane	152
Crème caramel au combava	154

glossaire 156

index pratique 158

La petite épicerie (retrouvez en gras les ingrédients indispensables)

graines de sésame
(en sachet, supermarché)

nouilles hokkien fraîches
(aux œufs, supermarché)

ail frit
(fait maison ou en supermarché)

flocons d'ail
(ail déshydraté, supermarché)

vermicelles de soja
(rayon exotique du supermarché)

nouilles de riz sèches
(rayon exotique du supermarché)

vermicelles de riz
(rayon exotique du supermarché)

nouilles de riz fraîches
(épicerie asiatique)

crème de coco
(supermarché, rayon exotique)

lait de coco
(rayon exotique du supermarché)

sauce soja claire
(rayon exotique du supermarché)

sauce d'huître
(rayon exotique du supermarché)

tofu
(rayon diététique ou bio)

farine de riz
(épicerie thaïe ou magasin bio)

cacahuètes
(grillées ou non, salées ou non)

grains de poivre blanc
(à défaut, en poudre)

crevettes séchées (épicerie thaïe ou supermarché)	**sucre de palme** (à défaut, du sucre roux)	**curry en poudre** (très répandu, supermarché)	**piment séché** (à défaut, piment en poudre)
feuilles de riz séchées (rayon exotique du supermarché)	**galettes de riz** (rayon exotique du supermarché)	**riz au jasmin** (à défaut, riz basmati)	**riz gluant blanc** (supermarché)
huile de sésame (supermarché)	**pâte de piment à l'huile** (fait maison ou supermarché)	**sauce de piment douce** (rayon exotique du supermarché)	**sauce de poisson** (rayon exotique du supermarché)
riz gluant noir rayon exotique du supermarché	**anis étoilé** (ou étoile de badiane, épicerie)	**pâte de crevette** (épicerie asiatique)	**pulpe de tamarin** (épicerie asiatique)

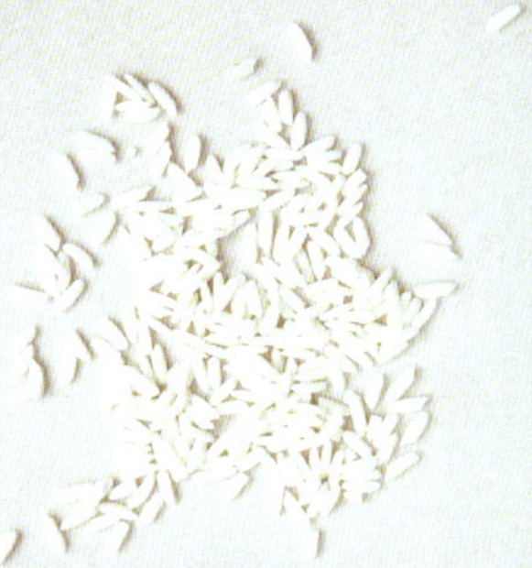

Les produits frais (retrouvez en gras les ingrédients indispensables)

ail
(à défaut, déshydraté)

pousses de bambou fraîches
(à défaut, en conserve)

jeunes épis de maïs frais
(à défaut, en conserve)

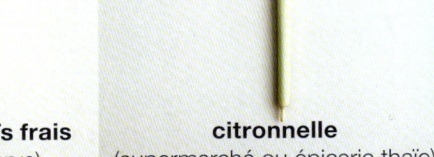
citronnelle
(supermarché ou épicerie thaïe)

champignons shiitake
(épicerie asiatique)

gingembre frais
(à défaut, en poudre)

noix de muscade fraîche
(à défaut, en poudre)

curcuma frais
(à défaut, en poudre)

coriandre fraîche
(ou déshydratée ou surgelée)

aubergines pois (markheng)
(épicerie asiatique)

grand piment vert
(à défaut, en poudre)

piment oiseau vert
(à défaut, en poudre)

haricots serpents
(à défaut, haricots verts)

basilic thaï
(à défaut, basilic et/ou menthe)

mini-aubergines (caphao)
(épicerie asiatique)

papaye verte
(épicerie asiatique)

pleurote
(à défaut, surgelé)

germes de soja fraîches
(à défaut, en conserve)

galanga frais
(épicerie asiatique)

galanga séché
(épicerie asiatique)

grand piment rouge
(à défaut, en poudre)

piment oiseau rouge
(à défaut, en poudre)

piment rouge séché
(à défaut, en poudre)

échalote d'Asie
(ou oignon rouge)

feuilles de pandanus
(épicerie asiatique)

grains de poivre vert
(à défaut, en poudre)

chou fleuri choï sum
(épicerie asiatique)

chou pak choï
(épicerie asiatique)

chou chinois
(supermarché ou épicerie thaïe)

feuilles de citron kaffir
(épicerie asiatique)

ciboule
(supermarché, à défaut échalote)

petite aubergine
(supermarché ou épicerie)

Ustensiles (retrouvez en gras les ustensiles indispensables)

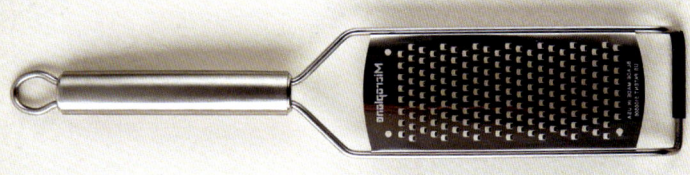

râpe
(à petits trous pour les zestes d'agrumes ou le gingembre)

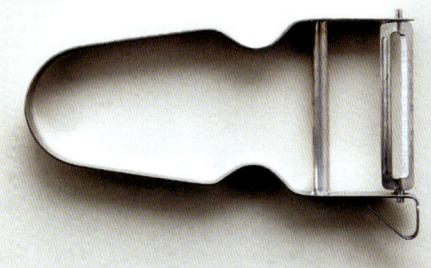

épluche-légumes
(ou simple couteau économe)

pince en bois
(pour saisir et retourner les aliments sans abîmer le récipient)

spatule en bois à trous
(permet de soulever les aliments tout en les égouttant)

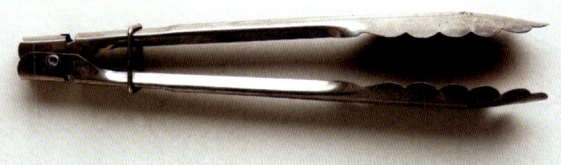

pinces
(utiles notamment pour saisir les nouilles mais pas indispensables)

pilon et mortier
(peuvent être remplacés par un robot mixeur)

spatule à manche long
(une simple spatule en bois peut suffire)

couperet
(pour détailler les gros morceaux de viande ou de poisson)

brosse en bambou
(utile notamment pour nettoyer le wok mais pas indispensable)

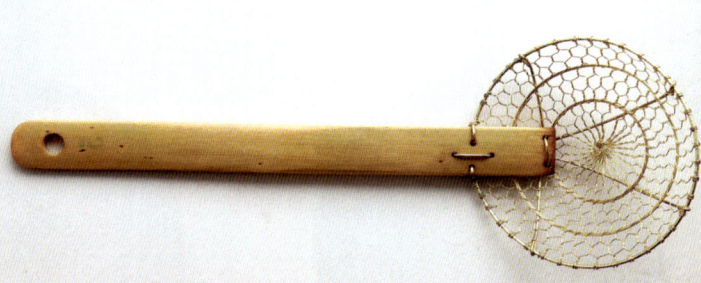

passoire à friture (en fil d'acier)
(pour récupérer sans danger les aliments frits, plusieurs modèles)

presse-agrumes

panier vapeur (en bambou)
(à défaut, utilisez un panier vapeur en inox ou en verre)

LES RECETTES DE BASES

Confectionner des rouleaux de printemps

Pour la farce
voir recette p. 46

Pour rouler les nems
12 galettes de riz

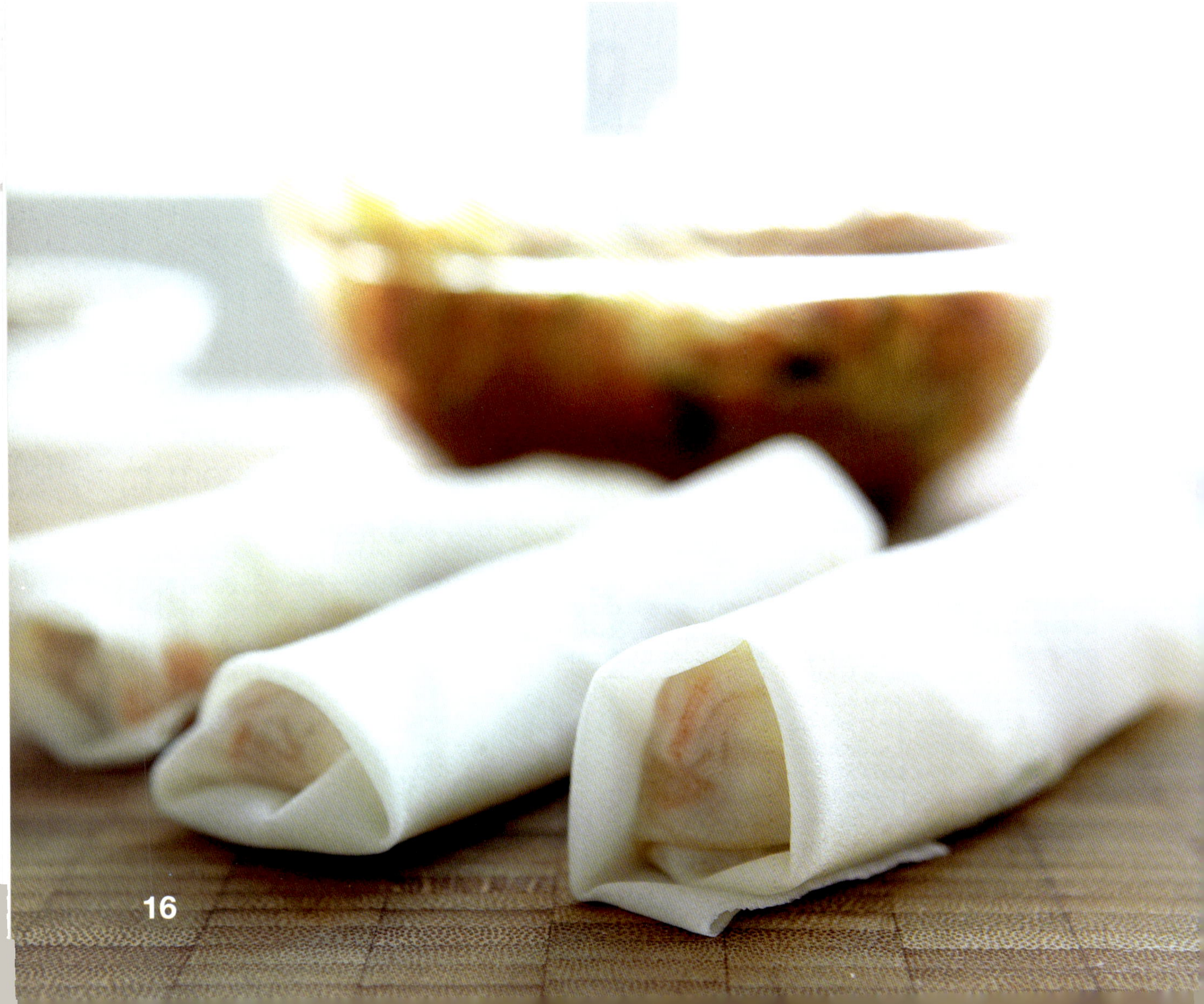

1 mouiller

Plongez rapidement les galettes de riz une à une dans l'eau froide pour les ramollir. Étalez-les ensuite sur un linge humide.

2 déposer

Déposez 2 cuillerées à soupe de farce sur un bord d'une galette. Rabattez ensuite le bas de la galette sur la garniture.

3 rouler

Repliez la galette sur la farce de chaque côté de celle-ci, de sorte que la farce soit enveloppée et ne puisse pas se répandre. Enroulez ensuite le nem sur lui-même en remontant. Badigeonnez la galette d'eau farineuse à la jointure et appuyez pour bien la coller. Répétez ces étapes avec toutes les autres galettes.

LES RECETTES DE BASES

POUR 125 GRAMMES
40 min de préparation
3 min de cuisson
FACILE

Pâte de curry vert

Chez le primeur
1 ½ c. à s. de citronnelle
1 ½ c. à s. de racine
  de coriandre fraîche
2 grands piments verts
1 ½ c. à s. d'ail haché
40 g de feuilles de coriandre

Chez l'épicier
2 c. à c. de graines de cumin
1 ½ c. à s. de graines
  de coriandre
4 anis étoilés (étoiles de badiane)
2 c. à c. de grains de poivre noir
1 c. à c. de curcuma (facultatif)
1 c. à c. de pâte de crevette

Matériel
pilon et mortier ou robot mixeur

La pâte de curry vert et, de façon générale, toutes les pâtes de curry, se trouvent «toute prêtes» dans les rayons exotiques de vos supermarchés, ou dans certains magasins biologiques.
Certainement moins goûteuse que celle élaborée par vos soins avec des produits frais, elle pourra, néanmoins, vous faire gagner un temps précieux sur la préparation de vos recettes favorites. N'hésitez cependant pas sur la qualité !

1 préparer

Hachez la citronnelle et la racine de coriandre. Émincez finement les piments.

2 chauffer

Mettez les graines de cumin, les graines de coriandre, l'anis étoilé et les grains de poivre dans une poêle et laissez chauffer 3 minutes pour que ces ingrédients libèrent leurs arômes.

3 piler

Transférez le tout dans le bol d'un robot ou dans un mortier, ajoutez le curcuma, si vous en utilisez, puis réduisez le tout en poudre fine. Ajoutez les uns après les autres les ingrédients suivant : l'ail, la citronnelle, la racine de coriandre, les piments verts et les feuilles de coriandre, en veillant à ce que chaque ingrédient soit bien intégré avant d'ajouter le suivant. Si vous souhaitez utiliser la pâte de curry immédiatement, incorporez la pâte de crevette au robot ou au pilon. Si vous la préparez à l'avance, incorporez la pâte de crevette au moment de cuisiner.

pâte de curry rouge

Chez le primeur
7 grands piments rouges séchés, 1 ½ c. à s. de galanga frais haché ou de galanga séché, 3 c. à s. de citronnelle hachée, 1 c. à c. de zeste de citron kaffir finement râpé, 5 ½ c. à s. d'échalotes d'Asie hachées, 1 ½ c. à s. de racine de coriandre fraîche hachée, 3 c. à s. d'ail pelé et haché

Chez l'épicier
1 c. à c. de sel, ½ c. à c. de pâte de crevette (facultatif)

pâte de curry masaman

Chez le primeur
6 grands piments rouges séchés, 1 ½ c. à s. de galanga frais haché, 3 c. à s. de citronnelle hachée, 3 c. à c. de racine de coriandre fraîche et hachée, 4 c. à s. d'échalotes d'Asie hachées, 5 ½ c. à s. d'ail haché

Chez l'épicier
3 gousses de cardamome, 1 c. à c. de graines de cumin, 1 c. à s. de graines de coriandre, 5 clous de girofle, 1 tronçon de cannelle ou d'écorce de canne le de 2 cm, ½ c. à c. de noix de muscade râpée, 1 c. à c. de sel, 3 c. à s. de cacahuètes grillées concassées

Ouvrez les piments en deux puis épépinez-les. Faites tremper les piments 15 minutes dans de l'eau froide, puis égouttez-les et épongez-les avec du papier absorbant. Mettez les piments et le sel dans le bol d'un robot ou dans un mortier et réduisez-les en poudre fine. Incorporez les ingrédients restants un à un.

Ouvrez les piments en deux puis épépinez-les. Faites-les tremper 15 minutes dans de l'eau froide, puis égouttez-les et épongez-les. Mettez la cardamome, les graines de cumin et de coriandre, les clous de girofle, le tronçon ou l'écorce de cannelle dans une poêle. Faites griller 2 minutes. Réduisez en poudre fine dans un mortier ou dans le bol d'un robot. Incorporez les ingrédients restants un à un.

pâte de curry Penang

Chez le primeur
8 grands piments rouges séchés, 1 ½ c. à s. de citronnelle hachée, 2 c. à c. de galanga frais haché ou de galanga séché, 1 c. à c. de racine de coriandre hachée, 1 ½ c. à s. d'ail haché, 1 ½ c. à s. d'échalotes d'Asie hachées

Chez l'épicier
1 c. à c. de graines de cumin, 1 c. à c. de graines de coriandre, ½ c. à c. de grains de poivre noir, 1 ½ c. à s. de cacahuètes grillées concassées, ½ c. à c. de pâte de crevette

pâte de curry jaune

Chez le primeur
3 grands piments rouges séchés, 1 ½ c. à s. d'échalotes d'Asie hachées, 1 ½ c. à s. d'ail haché, 1 ½ c. à s. de citronnelle hachée, 2 c. à c. de galanga frais haché ou de galanga séché

Chez l'épicier
1 c. à c. de graines de cumin, 2 c. à c. de graines de coriandre, 2 c. à c. de curcuma frais pelé et haché ou 1 c. à c. de curry en poudre, ½ c. à c. de sel, ½ c. à c. de pâte de crevette

Ouvrez les piments en deux puis épépinez-les. Faites tremper les piments 15 minutes dans de l'eau froide, puis égouttez-les et épongez-les. Mettez les graines de cumin et de coriandre, les grains de poivre noir dans une poêle. Faites chauffer à feu moyen environ 2 minutes. Réduisez en poudre fine dans un mortier ou dans le bol d'un robot. Incorporez les ingrédients restants un à un.

Ouvrez les piments en deux puis épépinez-les. Faites tremper les piments 15 minutes dans de l'eau froide, puis égouttez-les et épongez-les. Mettez les graines de cumin et de coriandre dans une poêle. Faites chauffer à feu moyen 2 minutes. Réduisez en poudre fine dans un mortier ou dans le bol d'un robot. Incorporez les ingrédients restants un à un.

LES RECETTES DE BASES

Confiture de piments (nam prik pao)

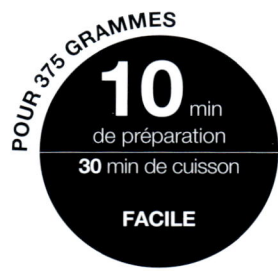

POUR 375 GRAMMES
10 min de préparation
30 min de cuisson
FACILE

Chez le primeur
150 g de gousses d'ail
155 g d'échalotes d'Asie
  ou d'oignons rouges
10 grands piments séchés
10 g de tamarin

Chez l'épicier
50 cl d'huile de friture
50 g de crevettes séchées
½ c. à c. de pâte de crevette
50 g de sucre de palme râpé ou
  de sucre roux en poudre

Matériel
chinois
robot mixeur

1 préparer

Épluchez les gousses d'ail (ou les oignons) et les échalotes, puis hachez-les. Épépinez et émincez finement les piments. Faites tremper le morceau de tamarin dans 10 cl d'eau chaude. Pressez le tamarin dans l'eau pour que celle-ci s'imprègne de la saveur et de la couleur de la pulpe. Filtrez l'eau à l'aide d'un chinois et réservez-en 3 cuillerées à soupe.

2 frire

Faites chauffer l'huile de friture dans le wok. Faites-y dorer l'ail, puis égouttez-le et épongez-le sur du papier absorbant. Réservez. Procédez de la même manière avec les échalotes (ou les oignons), puis les crevettes. Terminez avec les piments, en veillant à ce qu'ils restent bien croustillants.

3 cuire

Enveloppez la pâte de crevette dans une feuille d'aluminium et laissez-la cuire 1 à 2 minutes dans une poêle de sorte qu'elle libère son arôme. Transférez les ingrédients frits et la pâte de crevette dans le bol d'un robot avec 12,5 cl environ de l'huile de cuisson. Mixez jusqu'à l'obtention d'une pâte. Déposez la pâte dans une casserole avec le sucre de palme ou le sucre roux et l'eau de tamarin. Laissez cuire à feu moyen en remuant de temps en temps jusqu'à ce qu'elle devienne épaisse et gluante (environ 15 minutes).

entrées & soupes

ENTRÉES & SOUPES

POUR 4 PERSONNES
20 min de préparation
30 min de trempage
30 min de cuisson
TRÈS FACILE

Porc sauce satay

Chez le boucher
500 g de filet de porc

Chez l'épicier
125 g de cacahuètes grillées
50 cl de lait de coco
1 ½ c. à s. de pâte de curry rouge (voir p. 20)
1 ½ c. à s. de sauce de poisson
1 ½ c. à s. de sucre de palme râpé ou de sucre roux

Matériel
12 piques à brochettes en bambou

1 préparer

Faites tremper les piques à brochettes pendant 30 minutes dans de l'eau froide : cela évitera qu'elles brûlent sur le gril. Aplatissez le filet de porc jusqu'à atteindre une épaisseur de 2 cm, puis découpez-le en grosses lamelles. Concassez les cacahuètes.

2 piquer

Piquez les lamelles de porc sur les brochettes.

3 cuire

Préparez la sauce satay. Faites chauffer le lait de coco et la pâte de curry dans une casserole ou un wok en remuant. Quand le lait bout, ajoutez la sauce de poisson, le sucre et les cacahuètes. Poursuivez la cuisson sans cesser de remuer jusqu'à ébullition et épaississement de la sauce. Comptez environ 15 minutes en tout. Faites ensuite cuire les brochettes sur un gril en fonte ou un barbecue légèrement huilé, pendant 15 minutes environ. Servez les brochettes bien chaudes accompagnées de sauce satay.

ENTRÉES & SOUPES

Dip de porc et caramel

POUR 4 PERSONNES
10 min de préparation
20 min de cuisson
TRÈS FACILE

Chez le boucher
150 g de viande de porc hachée

Chez le primeur
2 échalotes
2 gousses d'ail
1 piment oiseau rouge
1 c. à c. de racine de coriandre
quelques feuilles de coriandre

Chez l'épicier
40 g de cacahuètes grillées non salées
3 c. à s. d'huile d'arachide
12,5 cl de lait de coco
3 c. à s. de beurre de cacahuètes avec des morceaux
1 ½ c. à s. de sauce de poisson
1 ½ c. à s. de sucre de palme râpé ou de sucre roux

Pour accompagner
toasts
bâtonnets de légumes variés

Matériel
pilon et mortier

1 préparer

Épluchez et hachez les échalotes et les gousses d'ail. Épépinez le piment. Concassez les cacahuètes.

2 piler

Écrasez la racine de coriandre, les échalotes, le piment, l'ail et les cacahuètes au pilon dans un mortier.

3 cuire

Faites chauffer l'huile dans un wok ou une poêle, puis laissez revenir ce mélange pendant 2 minutes pour que les ingrédients libèrent leur arôme. Ajoutez le porc et prolongez la cuisson de 2 ou 3 minutes. Incorporez le lait de coco, le beurre de cacahuètes, la sauce de poisson et le sucre. Portez le tout à ébullition, puis réduisez le feu et laissez frémir 10 minutes. Servez le dip dans un bol, garni des feuilles de coriandre.

ENTRÉES & SOUPES

Croquettes de poisson

POUR 18 CROQUETTES
20 min de préparation
1 h de repos
15 min de cuisson
FACILE

Chez le poissonnier
400 g de sébaste sans la peau
  (ou de filet de vivaneau haché)
200 g de crevettes crues

Chez le primeur
70 g de haricots longs
  ou de haricots verts
4 feuilles de citron kaffir
  sans les tiges
1 mini-concombre
1 piment oiseau rouge
1 c. à s. de coriandre ciselée

Chez l'épicier
de 1 ½ à 3 c. à s. de pâte
  de curry rouge (voir p. 20)
50 cl d'huile d'arachide
  pour la friture
4 c. à s. de sucre de palme râpé
  ou de sucre roux
10 cl de vinaigre de riz

Matériel
pilon et mortier (facultatif)

1 préparer

Émincez le poisson. Décortiquez les crevettes, ôtez la nervure centrale et gardez les queues. Hachez-les. Émincez les haricots. Ciselez finement les feuilles de citron kaffir. Épluchez et coupez en deux le concombre dans la longueur. Épépinez-le puis coupez-le en petits dés. Épépinez et hachez finement le piment.

2 mélanger

Mettez le concombre, le piment, le sucre, 1 cuillerée à soupe d'eau, le vinaigre et la coriandre dans un saladier. Mélangez et réservez la sauce. Mettez le poisson et les crevettes dans le bol du robot ou un mortier, puis travaillez ces ingrédients afin d'obtenir une texture homogène. Incorporez la pâte de curry et travaillez le tout jusqu'à l'obtention d'une boule. Transférez la boule de pâte dans un récipient. Incorporez-y les haricots et les feuilles de citron kaffir, puis formez 18 croquettes plates. Déposez-les sur la plaque du four. Couvrez de film alimentaire et laissez refroidir 1 heure.

3 frire

Préchauffez l'huile de friture dans un wok et faites-y frire les croquettes jusqu'à ce qu'elles soient dorées et croustillantes. Laissez-les s'égoutter sur du papier absorbant et réservez-les au chaud à four moyen au fur et à mesure. Comptez environ 15 minutes de cuisson en tout. Servez les croquettes accompagnées de la sauce au concombre.

ENTRÉES & SOUPES

Soupe de nouilles, porc et crevettes

POUR 4 PERSONNES
20 min de préparation
15 min de trempage
20 min de cuisson
FACILE

Chez le poissonnier
250 g de crevettes crues

Chez le boucher
100 g de viande de porc hachée

Chez le primeur
50 g de pleurotes
1 oignon nouveau
1 c. à c. de racine de coriandre hachée
2 c. à c. d'ail haché
1 ½ c. à s. de feuilles de coriandre

Chez l'épicier
50 g de vermicelles de soja
½ c. à c. de grains de poivre blanc
1 ½ c. à s. d'huile végétale
1 litre de bouillon de poule
1 ½ c. à s. de sauce de poisson
1 ½ c. à s. d'ail frit

Petit matériel
pilon et mortier

1 préparer

Laissez tremper les vermicelles pendant 15 minutes dans l'eau chaude pour qu'ils ramollissent, puis égouttez-les soigneusement. Décortiquez les crevettes, ôtez la nervure centrale et gardez les queues. Émincez les pleurotes et l'oignon nouveau.

2 piler

Mettez la racine de coriandre, les grains de poivre blanc et l'ail dans un mortier. Travaillez ces ingrédients jusqu'à l'obtention d'une pâte homogène.

3 cuire

Préchauffez l'huile dans une grande casserole, ajoutez la pâte de coriandre épicée et le porc. Laissez cuire pendant 5 minutes. Ajoutez les crevettes et prolongez la cuisson de 3 minutes. Quand elles virent au rose, incorporez le bouillon, la sauce de poisson, les pleurotes et les vermicelles. Laissez mijoter 10 minutes. Ajoutez l'oignon nouveau, les feuilles de coriandre et l'ail frit. Servez bien chaud.

ENTRÉES & SOUPES

Tom yum goong (soupe de crevettes)

POUR 4 PERSONNES
25 min de préparation
25 min de cuisson
FACILE

Chez le poissonnier
500 g de crevettes crues

Chez le primeur
2 tiges de citronnelle
3 piments oiseaux rouges
2 feuilles de citron kaffir sans les tiges
8 tomates cerises
100 g de champignons de Paris
3 tranches de galanga (facultatif)
1 ½ c. à s. d'échalotes d'Asie finement hachées
2 c. à s. de jus de citron vert

Chez l'épicier
1 ½ c. à s. d'huile végétale
de ˜ ½ à 3 c. à s. de confiture de piments (nam prik pao, voir p. 22)
3 c. à s. de sauce de poisson

Matériel
chinois

1 préparer

Décortiquez les crevettes, ôtez la nervure centrale et gardez les queues. Ne jetez pas les carapaces, vous en aurez besoin pour le bouillon de la soupe. Épluchez et émincez finement la citronnelle. Coupez les piments en deux. Ciselez les feuilles du citron kaffir. Coupez les tomates cuites et les champignons en deux.

2 cuire

Préchauffez l'huile dans une casserole profonde ou un wok et laissez-y revenir les carapaces des crevettes de 3 à 5 minutes. Quand elles sont roses, ajoutez 1,25 l d'eau et portez à ébullition. Laissez cuire pendant 5 minutes avant de passer le tout au chinois. Passez le bouillon et jetez les carapaces.

3 assembler

Remettez le bouillon dans la casserole. Incorporez la citronnelle, le galanga (si vous en utilisez), l'échalote, les piments, la confiture de piments et les feuilles de citron kaffir. Portez à ébullition, laissez bouillir 5 minutes et réduisez le feu. Ajoutez les tomates cerises et les champignons. Laissez mijoter encore 5 minutes. Incorporez ensuite les crevettes et prolongez la cuisson de 3 à 5 minutes. Éteignez le feu, incorporez la sauce de poisson et le jus de citron. Servez aussitôt.

ENTRÉES & SOUPES

Tom kha gai (soupe de poulet)

POUR 4 PERSONNES
15 min de préparation
15 min de cuisson
FACILE

Chez le boucher
300 g de blanc de poulet

Chez l'épicier
75 cl de lait de coco
de 1 ½ à 3 c. à s. de sauce de poisson

Chez le primeur
1 tige de citronnelle
4 piments oiseaux rouges
100 g de pleurotes
2 feuilles de citron kaffir sans les tiges
1 ½ c. à s. de galanga finement émincé (5 tranches)
1 ½ c. à s. d'échalotes d'Asie hachées
1 ½ c. à s. de jus de citron vert
quelques feuilles de coriandre

1 préparer

Épluchez et émincez finement la citronnelle. Coupez les piments en deux. Émincez finement le blanc de poulet. Coupez les champignons en deux. Ciselez les feuilles de citron kaffir.

2 bouillir

Dans une casserole, portez le lait de coco à ébullition sans cesser de remuer pour qu'il reste homogène. Laissez bouillir, puis ajoutez le galanga, la citronnelle, l'échalote et les piments. Portez à ébullition et laissez cuire 5 minutes, puis réduisez le feu.

3 cuire

Ajoutez le poulet, les pleurotes, les feuilles de citron kaffir et la sauce de poisson. Prolongez la cuisson de 5 minutes. Quand le poulet est cuit, éteignez le feu, incorporez le jus de citron vert et la coriandre. Mélangez. Servez aussitôt.

ENTRÉES & SOUPES

Boulettes de crevette

POUR 12 PIÈCES
30 min de préparation
30 min de repos
10 min de cuisson
FACILE

Chez le poissonnier
500 g de crevettes crues décortiquées

Chez le primeur
2 c. à c. d'ail haché
1 c. à c. de racine de coriandre hachée
1 ½ c. à s. de feuilles de coriandre ciselées

Chez l'épicier
½ c. à c. de grains de poivre blanc
½ c. à c. de sucre en poudre
50 cl d'huile d'arachide pour la friture

Matériel
pilon et mortier ou robot mixeur
papier sulfurisé
film alimentaire

1 décortiquer

Décortiquez les crevettes, ôtez la nervure centrale et gardez les queues.

2 assembler

Mettez l'ail, la racine de coriandre, les grains de poivre blanc et le sucre dans un mortier ou le bol du robot, puis réduisez le tout en une pâte homogène. Incorporez les crevettes, retravaillez le tout pour obtenir une pâte lisse, puis ajoutez les feuilles de coriandre.
Formez des boulettes de la valeur d'une cuillerée à soupe de cette préparation et déposez-les sur la plaque du four chemisée de papier sulfurisé. Couvrez d'un film alimentaire et laissez refroidir pendant 30 minutes.

3 frire

Préchauffez l'huile de friture dans un wok et faites frire les boulettes jusqu'à ce qu'elles soient dorées et croustillantes. Égouttez-les sur du papier absorbant et réservez-les à four moyen au fur et à mesure de leur cuisson. Servez les boulettes bien chaudes.

ENTRÉES & SOUPES

Soupe de nouilles de riz au bœuf

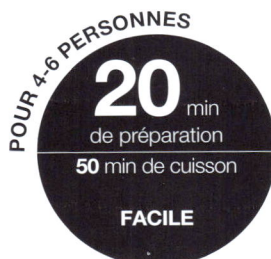

POUR 4-6 PERSONNES
20 min de préparation
50 min de cuisson
FACILE

Chez le boucher
225 g de filet de bœuf

Chez le primeur
2 oignons
50 g de racine de gingembre
2 oignons nouveaux
100 g de pousses de soja
2 c. à s. de coriandre grossièrement ciselée

Chez l'épicier
1,5 litre de bouillon de bœuf
2 bâtons de cannelle
2 étoiles de badiane (anis étoilé)
3 clous de girofle
1 c. à c. de poivre noir en grains
3 c. à s. de sauce de poisson
600 g de nouilles de riz fraîches

Pour accompagner
4 à 6 quartiers de citron vert
poivre noir finement concassé

Matériel
tamis

1 préparer

Coupez le bœuf en lamelles et les oignons en deux. Détaillez le gingembre et les oignons nouveaux en tranches. Réservez.

2 cuire

Dans une grande casserole, portez à ébullition le bouillon, le gingembre, les oignons, les épices et la sauce de poisson, puis baissez le feu, couvrez et laissez cuire pendant 30 minutes. Passez le tout au tamis et jetez les morceaux, puis reversez le bouillon dans la casserole et faites à nouveau bouillir.

3 servir

Répartissez les nouilles, les pousses de soja et les lamelles de bœuf dans des bols de service. Versez le bouillon par-dessus et recouvrez d'oignon nouveau et de coriandre. Servez la soupe avec les quartiers de citron vert et du poivre noir.

ENTRÉES & SOUPES

Nems

POUR 12 NEMS
45 min de préparation
20 min de repos
20 min de cuisson
DIFFICILE

Chez le poissonnier
100 g de chair de crevettes crue

Chez le primeur
1 ½ c. à s. de gingembre
1 gousse d'ail
50 g de chou chinois
100 g de carottes
1 ½ c. à s. d'oignons nouveaux
15 g de feuilles de coriandre

Chez l'épicier
1 c. à c. de farine de maïs
50 g de vermicelles de soja
 ou de vermicelles de riz
1 ½ c. à s. d'huile d'arachide
1 ½ c. à s. de sauce de poisson
1 ½ c. à s. de sauce d'huître
12 galettes de riz
50 cl d'huile d'arachide
 pour la friture

Pour accompagner
sauce au piment douce

1 préparer

Hachez la chair de crevettes. Pelez et râpez le gingembre. Écrasez la gousse d'ail, puis émincez finement le chou chinois. Épluchez et râpez les carottes. Émincez finement les oignons nouveaux. Délayez la farine de maïs dans 2 cuillerées à soupe d'eau. Faites tremper les vermicelles 5 minutes dans l'eau chaude pour qu'ils se ramollissent. Égouttez-les soigneusement et coupez-les en petits morceaux avec des ciseaux.

2 rouler

Faites chauffer l'huile dans un wok et laissez-y revenir la chair de crevettes, le gingembre et l'ail jusqu'à ce qu'ils soient bien dorés. Ajoutez alors le chou, les carottes, les feuilles de coriandre, les oignons nouveaux, les vermicelles de soja ou de riz, la sauce de poisson et la sauce d'huître. Laissez cuire pendant 3 minutes et laissez refroidir cette farce 20 minutes. Pendant ce temps, plongez rapidement les galettes une à une dans l'eau froide afin qu'elles ramollissent. Étalez-les sur un linge humide. Déposez sur le bord de chaque galette 2 cuillerées à soupe de farce. Rabattez la galette sur la garniture et repliez-la. Enroulez le nem sur lui-même. Badigeonnez la galette d'eau farineuse à la jointure et appuyez pour bien la coller. Répétez ces étapes avec les autres galettes (voir technique p. 16).

3 frire

Préchauffez l'huile de friture dans un wok et faites-y frire les nems jusqu'à ce qu'ils soient dorés et croustillants. Laissez-les s'égoutter sur du papier absorbant et réservez-les au chaud à four moyen au fur et mesure de la cuisson. Servez les nems accompagnés de sauce au piment douce.

ENTRÉES & SOUPES

Feuilletés de légumes au curry

POUR 24 PIÈCES
45 min de préparation
20 min de repos
45 min de cuisson
DIFFICILE

Chez le primeur
400 g de pommes de terre
300 g de patates douces
2 gousses d'ail
1 ½ c. à s. de gingembre haché
1 ½ c. à s. de racine
   de coriandre hachée
80 g de petits pois
3 c. à s. d'oignons nouveaux
3 c. à s. de feuilles de coriandre
   ciselées

Chez l'épicier
4 rouleaux de pâte feuilletée
1 c. à c. de sel
½ c. à c. de poivre blanc
3 c. à s. de curry en poudre
1 ½ c. à s. de sucre de palme
   râpé ou de sucre roux
3 c. à s. d'huile végétale +
   40 cl pour la friture

Pour accompagner
sauce au piment douce

Matériel
emporte-pièce cannelé
pilon et mortier

1 préparer

Mettez les pâtes feuilletées à température ambiante. Épluchez et détaillez toutes les pommes de terre en petits dés. Épluchez les gousses d'ail. Épluchez et émincez finement les oignons nouveaux. Mettez l'ail, le gingembre, la racine de coriandre, le sel, le poivre blanc, le curry et le sucre dans un mortier. Travaillez ces ingrédients jusqu'à l'obtention d'une pâte.

2 assembler

Faites chauffer l'huile à feu moyen dans une poêle antiadhésive et laissez cuire la pâte 3 minutes. Quand elle libère son arôme, ajoutez les pommes de terre, les patates douces et les petits pois. Prolongez la cuisson de 10 minutes à couvert. Incorporez ensuite les oignons nouveaux et la coriandre, mélangez le tout, retirez la casserole du feu et laissez refroidir 20 minutes. À l'aide d'un emporte-pièce cannelé, découpez dans les pâtes feuilletées 24 disques de 10 cm de diamètre. Déposez 1 cuillerée à soupe de garniture au centre de chaque disque. Badigeonnez les bords avec de l'eau et refermez la pâte sur la garniture. Scellez les bords en pinçant la pâte et en les repliant sur eux-mêmes de façon à former un croissant. Torsadez légèrement les extrémités.

3 frire

Préchauffez l'huile de friture dans un wok. Faites frire les feuilletés jusqu'à ce qu'ils soient dorés et croustillants. Laissez-les s'égoutter sur du papier absorbant au fur et à mesure de la cuisson. Servez les feuilletés accompagnés de sauce au piment douce.

ENTRÉES & SOUPES

Rouleaux de printemps

POUR 30 PIÈCES
30 min de préparation
10 min de trempage
FACILE

Chez le poissonnier
20 crevettes cuites

Chez le primeur
1 carotte
115 g de laitue
40 g de feuilles de menthe

Chez l'épicier
100 g de vermicelles de riz
20 galettes de riz de 16 cm de diamètre

Pour accompagner
sauce au piment douce

1 préparer

Décortiquez les crevettes, ôtez la nervure centrale et gardez les queues. Coupez-les en deux dans la longueur. Épluchez la carotte et taillez-la en fins bâtonnets. Émincez la laitue

2 tremper

Faites tremper les vermicelles pendant 10 minutes dans l'eau chaude pour qu'ils ramollissent. Égouttez-les soigneusement et découpez-les en petits tronçons. Plongez les galettes de riz dans l'eau chaude. Laissez-les ramollir et déposez-les sur un linge propre.

3 rouler

Déposez 1 cuillerée à soupe de vermicelles à une extrémité de la galette, garnissez de 2 moitiés de crevette, d'un peu de laitue et de carotte. Terminez par 2 feuilles de menthe. Repliez les bords et roulez la galette sur la garniture. Procédez de même pour les autres pièces. Servez les rouleaux de printemps accompagnés de sauce au piment douce. Conservez les rouleaux de printemps dans du papier absorbant pour qu'ils ne se dessèchent pas.

légumes

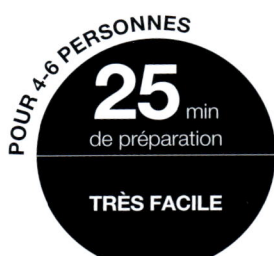

POUR 4-6 PERSONNES

25 min de préparation

TRÈS FACILE

Som tom (salade de papayes vertes, cacahuètes et piment)

Chez le primeur
2 gousses d'ail
1 grand piment rouge
620 g de papayes vertes
2 échalotes
4 c. à s. de jus de citron vert
100 g de tomates cerises
10 g de feuilles de basilic thaï
10 g de feuilles de coriandre

Chez l'épicier
30 g de cacahuètes grillées non salées
1 ½ c. à s. de crevettes séchées
2 c. à s. de sucre de palme râpé ou de sucre roux
3 c. à s. de sauce de poisson

Matériel
pilon et mortier

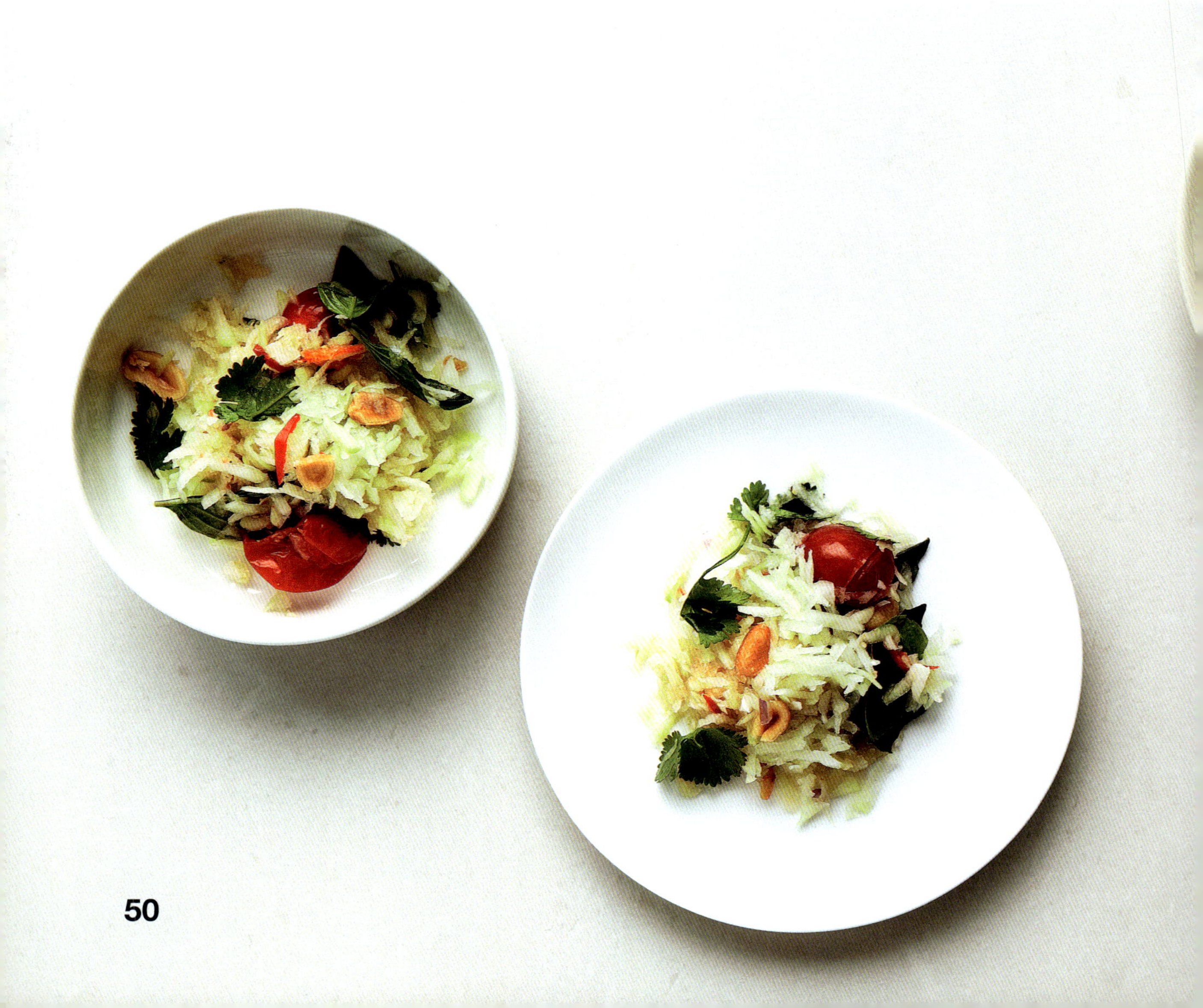

1 préparer

Épluchez les gousses d'ail. Épépinez et hachez le piment. Pelez et râpez les papayes. Épluchez et émincez finement les échalotes.

2 piler

Dans un grand mortier, travaillez l'ail et le piment pour former une pâte. Incorporez les cacahuètes, écrasez-les grossièrement, puis ajoutez les crevettes, le sucre, le jus de citron vert et la sauce de poisson. Mélangez ces ingrédients au pilon. Ajoutez les tomates cerises.

3 assembler

Versez ce mélange dans un saladier. Ajoutez les papayes, les échalotes, les feuilles de basilic thaï et de coriandre. Mélangez le tout. Servez aussitôt.

Légumes sautés

POUR 4-6 PERSONNES
10 min de préparation
10 min de cuisson
TRÈS FACILE

Chez le primeur
2 gousses d'ail
10 jeunes épis de maïs
100 g d'asperges
1 bouquet de choy sum
   ou de légumes verts
   ou de brocoli chinois
80 g de ciboule chinoise
   (avec les fleurs)
100 g de pois gourmands
100 g de champignons shiitake
   frais

Chez l'épicier
3 c. à s. d'huile végétale
3 c. à s. de sauce d'huître
1 ½ c. à s. de sauce au piment
   douce
½ c. à c. d'huile de sésame
poivre blanc

1 préparer

Épluchez et hachez l'ail. Coupez les épis de maïs en deux dans la longueur. Détaillez les asperges, le choy sum ou les légumes verts chinois et la ciboule en tronçons de 5 cm.

2 saisir

Faites chauffer l'huile végétale dans un wok à feu moyen et laissez brunir l'ail légèrement. Augmentez le feu.

3 cuire

Ajoutez les pois gourmands, les épis de maïs, les asperges, les champignons, le choy sum, la ciboule chinoise, la sauce d'huître, la sauce au piment et l'huile de sésame. Laissez revenir 2 ou 3 minutes, tout en remuant. Saupoudrez la préparation de poivre blanc. Servez aussitôt.

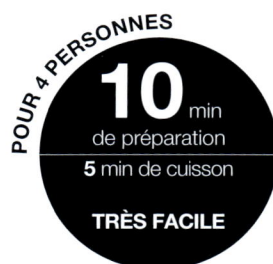

POUR 4 PERSONNES
10 min de préparation
5 min de cuisson
TRÈS FACILE

Tofu sauté ail et poivre

Chez le primeur
1 échalote
5 gousses d'ail

Chez l'épicier
750 g de tofu ferme
1 ½ c. à s. d'huile végétale
2 c. à c. de sucre en poudre
1 c. à c. de grains de poivre noir
1 c. à c. de grains de poivre blanc
3 c. à s. de sauce d'huître

Matériel
pilon et mortier

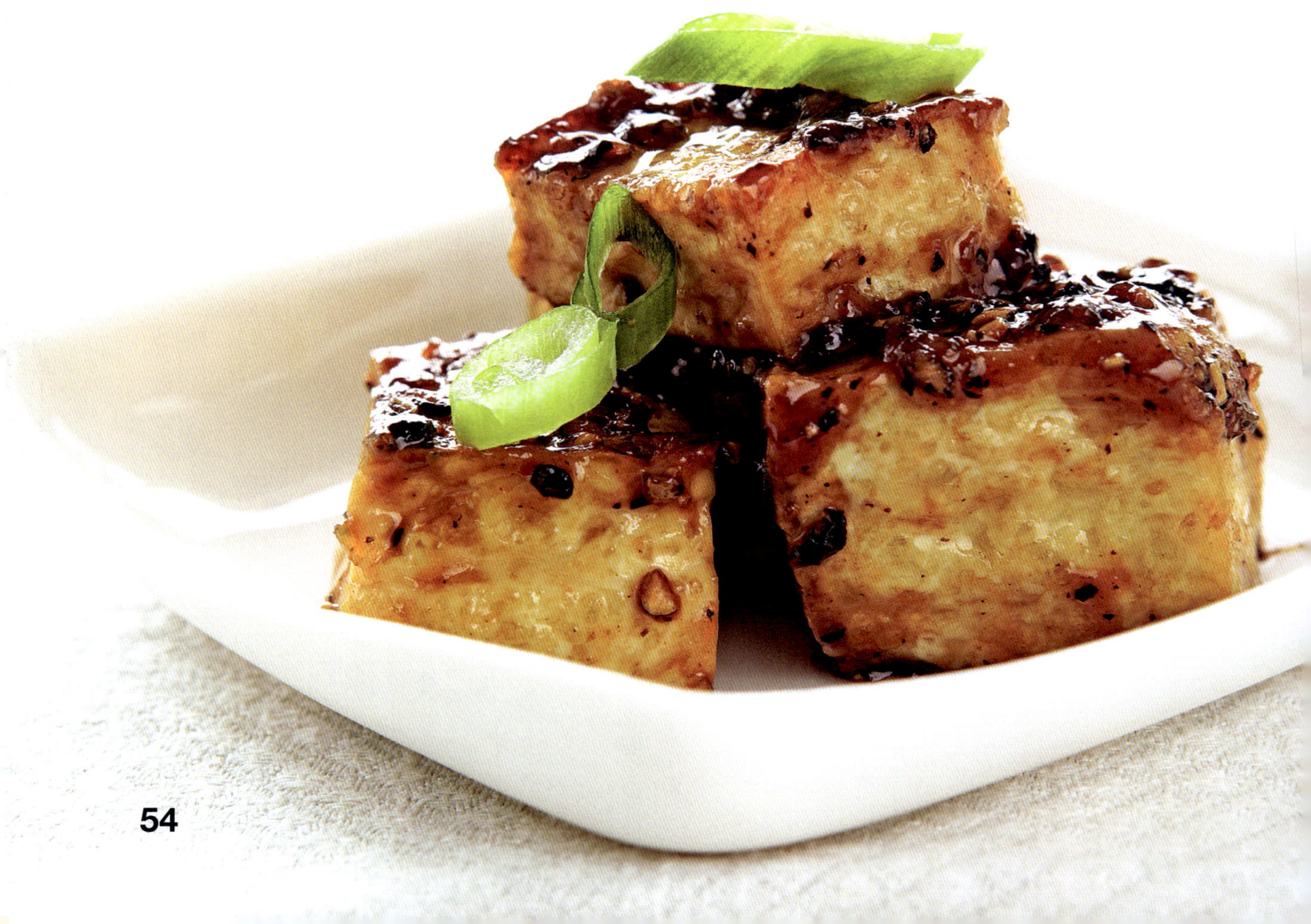

1 préparer

Égouttez le tofu et coupez-le en dés de 2 cm de côté. Épluchez et hachez finement l'échalote. Épluchez et écrasez les gousses d'ail.

2 saisir

Préchauffez l'huile dans un wok à feu moyen et faites-y revenir le tofu. Quand il est doré, ajoutez l'échalote et l'ail. Laissez cuire 1 minute, tout en remuant.

3 assembler

Dans un mortier, mélangez le sucre, le poivre noir et le poivre blanc. Incorporez cette poudre au tofu et arrosez de la sauce d'huître. Remuez le tofu pour bien l'enrober de la sauce. Servez aussitôt.

LÉGUMES

Aubergines sautées

POUR 4-6 PERSONNES
10 min de préparation
15 min de cuisson
TRÈS FACILE

Chez le primeur
3 c. à s. de gingembre
2 gousses d'ail
4 petites aubergines
½ c. à c. de piments écrasés

Chez l'épicier
3 c. à s. d'huile végétale
3 c. à s. de sauce soja
3 c. à s. de sauce au piment douce
1 ½ c. à s. de sauce de poisson
1 ½ c. à s. de sucre de palme râpé ou de sucre roux

1 préparer

Émincez finement le gingembre. Épluchez et émincez les gousses d'ail. Coupez les aubergines dans la longueur.

2 frire

Préchauffez l'huile dans un wok à feu moyen. Laissez-y dorer le gingembre, l'ail et le piment pendant 1 ou 2 minutes. Ajoutez les aubergines et prolongez la cuisson de 5 minutes.

3 assembler

Incorporez la sauce soja, la sauce au piment douce, la sauce de poisson et le sucre. Mélangez. Portez à ébullition et laissez cuire encore 5 minutes jusqu'à ce que les aubergines soient tendres et dorées. Répartissez les aubergines ainsi préparées dans un grand plat de service. Servez chaud.

LÉGUMES

Salade mee grob

POUR 4 PERSONNES
30 min de préparation
30 min de repos
20 min de cuisson
FACILE

Chez le primeur
3 gousses d'ail
3 oignons nouveaux
1 grand piment rouge
4 c. à s. de jus de citron vert
1 ½ c. à s. de coriandre ciselée
50 g de germes de soja

Chez l'épicier
150 g de vermicelles de soja
  ou de vermicelles de riz
2 œufs
250 g de tofu
50 cl d'huile d'arachide
  pour la friture
4 c. à s. de sucre de palme râpé
  ou de sucre roux
3 c. à s. de sauce de poisson
  ou de sauce soja
3 c. à s. de vinaigre blanc

1 préparer

Coupez les vermicelles en petits morceaux. Cassez les œufs dans un bol et battez-les légèrement. Épluchez et hachez l'ail. Émincez les oignons. Coupez le tofu en petits dés. Émincez finement le piment.

2 frire

Préchauffez l'huile de friture dans un wok et faites-y frire les vermicelles jusqu'à ce qu'ils soient croustillants et bien blancs. Égouttez-les sur du papier absorbant et laissez-les refroidir pendant 30 minutes. Procédez en plusieurs tournées pour que les vermicelles ne soient pas trop gras. Avec une louche, videz l'huile du wok en en gardant la valeur de 3 cuillerées à soupe et réservez-en 3 autres.

3 cuire

Faites chauffer l'huile restée dans le wok, versez-y les œufs battus et inclinez le wok pour bien enrober les bords. Quand les œufs sont pris, retournez l'omelette, laissez cuire l'autre face, puis versez-la sur un plat et laissez-la tiédir avant de la détailler en fines lamelles. Ajoutez 3 cuillerées à soupe d'huile dans le wok, faites-y dorer l'ail et le tofu à feu vif, puis les oignons nouveaux. Incorporez le sucre, la sauce de poisson (ou la sauce soja), le jus de citron et le vinaigre. Portez à ébullition. Ajoutez les vermicelles et la coriandre, puis mélangez le tout pour enrober les vermicelles de la sauce. Répartissez le mee grob sur des assiettes de service. Parsemez de germes de soja et d'omelette coupée en lamelles. Garnissez de piment rouge émincé et servez.

POUR 4 PERSONNES
20 min de préparation
15 min de cuisson
FACILE

LÉGUMES

Pad siewe (nouilles de riz, légumes et tofu)

Chez le primeur
4 gousses d'ail
1 carotte
200 g de chou-fleur
250 g de brocolis chinois
 ou de bok choy

Chez l'épicier
300 g de tofu ferme
4 œufs
4 c. à s. de sauce d'huître
2 c. à s. de sauce soja
1 c. à c. de sucre en poudre
1 c. à c. de poivre blanc

500 g de nouilles de riz fraîches
 à température ambiante
4 c. à s. d'huile végétale

1 préparer

Égouttez et émincez finement le tofu. Épluchez et écrasez les gousses d'ail. Épluchez et coupez la carotte en fines rondelles. Détaillez le chou-fleur en petits bouquets. Hachez grossièrement le brocoli ou le bok choy. Cassez les œufs dans un bol et battez-les légèrement. Préparez la sauce. Dans un bol, mélangez la sauce d'huître, la sauce soja, le sucre en poudre et le poivre blanc.

2 couper

Détaillez les nouilles de riz en gros morceaux, éventuellement à l'aide d'une paire de ciseaux.

3 cuire

Préchauffez l'huile dans un wok et faites-y revenir le tofu à feu vif jusqu'à ce qu'il soit doré et croustillant. Ajoutez l'ail, la carotte et le chou-fleur. Versez 2 cuillerées à soupe d'eau et laissez sauter pendant 5 minutes. Incorporez le brocoli chinois ou le bok choy, puis prolongez la cuisson de 2 minutes. Ajoutez les nouilles et faites-les cuire quelques minutes (moins de 5 minutes). Versez la sauce dans le wok et laissez revenir jusqu'à ce qu'elle enrobe les nouilles. Poussez les nouilles sur le côté du wok et versez les œufs battus. Quand les œufs prennent, mélangez-les aux nouilles. Servez chaud.

LÉGUMES

Légumes aigres-doux

POUR 4 PERSONNES
20 min de préparation
15 min de cuisson
FACILE

Chez le primeur
5 g de tamarin
1 oignon
2 gousses d'ail
200 g d'ananas frais
1 mini-concombre
½ poivron rouge
½ poivron vert
100 g de jeunes épis de maïs
1 tomate mûre

Chez l'épicier
1 ½ c. à s. d'huile végétale
12,5 cl de bouillon de poulet ou de légumes
1 ½ c. à s. de sauce de poisson (ou de sauce soja pour les végétariens)
3 c. à s. de sauce au piment douce

Matériel
chinois

1 préparer

Faites tremper le morceau de tamarin dans 5 cl d'eau chaude. Pressez le tamarin dans l'eau pour que celle-ci s'imprègne de la saveur et de la couleur du fruit. Filtrez l'eau à l'aide d'un chinois et réservez-en 2 cuillerées à soupe. Épluchez puis émincez finement l'oignon et l'ail. Hachez la chair de l'ananas. Pelez, épépinez et émincez grossièrement le mini-concombre. Hachez les poivrons. Coupez les épis de maïs et la tomate en deux.

2 saisir

Préchauffez l'huile dans un wok, puis faites fondre l'oignon et l'ail à feu moyen. Ajoutez l'ananas et 5 cl de bouillon. Laissez chauffer pendant 2 minutes.

3 cuire

Ajoutez le mini-concombre, les poivrons, le maïs et la tomate. Versez le reste de bouillon. Prolongez la cuisson de 5 minutes. Incorporez la sauce de poisson ou la sauce soja, la sauce au piment douce et l'eau de tamarin. Portez à ébullition (environ 5 minutes). Débarrassez les légumes ainsi préparés dans un plat de service. Servez aussitôt.

LÉGUMES

Riz frit aux légumes

POUR 4 PERSONNES
20 min de préparation
15 min de cuisson
FACILE

Chez le primeur
3 échalotes d'Asie
4 gousses d'ail
100 g de haricots verts
½ poivron vert
1 tomate
4 oignons nouveaux
100 g de petits pois
100 g de germes de soja
10 g de feuilles de coriandre

Chez l'épicier
3 œufs
3 c. à s. d'huile végétale
1 ½ c. à s. de sucre de palme râpé ou de sucre roux
740 g de riz au jasmin cuit froid
1 ½ c. à s. de sauce soja claire
1 ½ c. à s. de sauce soja foncée

1 préparer

Épluchez puis hachez les échalotes et l'ail. Émincez les haricots verts et le poivron. Hachez la tomate. Épluchez et émincez les oignons.

2 battre

Cassez les œufs dans un bol et battez-les légèrement.

3 cuire

Préchauffez l'huile dans un wok à feu moyen, puis faites-y revenir les échalotes et l'ail. Quand ils sont dorés, ajoutez le sucre, les haricots verts, les petits pois, le poivron vert, la tomate et les oignons nouveaux. Laissez revenir pendant 3 minutes. Poussez ces ingrédients sur le côté et versez les œufs battus dans le wok. Quand ils sont légèrement brouillés, ajoutez les germes de soja, le riz, les sauces soja et les feuilles de coriandre. Saisissez le tout à feu vif pour bien les réchauffer. Comptez environ 15 minutes de cuisson en tout. Servez aussitôt.

POUR 4 PERSONNES
15 min de préparation
15 min de cuisson
FACILE

LÉGUMES

Salade satay au tofu épicé

Chez le primeur
2 gousses d'ail
1 grand piment rouge
4 oignons nouveaux
½ petit chou chinois
½ poivron rouge
4 feuilles de citron kaffir sans les tiges
100 g de germes de haricots mungo
10 g de basilic thaï

Chez l'épicier
500 g de tofu ferme
3 c. à s. d'huile végétale
12,5 cl de sauce satay (voir p. 26)

1 préparer

Épluchez et émincez les gousses d'ail. Épépinez et émincez finement le piment. Égouttez et coupez le tofu en dés de 2 cm de côté. Épluchez et coupez les oignons en morceaux de 5 cm de côté. Émincez le chou et le poivron. Ciselez les feuilles de citron kaffir.

2 saisir

Préchauffez l'huile dans un wok à feu moyen et faites-y dorer l'ail avec le piment. Ajoutez le tofu et poursuivez la cuisson jusqu'à ce qu'il brunisse. Incorporez alors les oignons et laissez cuire encore 1 minute en remuant. Ôtez le wok du feu.

3 assembler

Mélangez les germes de haricots mungo, le chou, le basilic thaï et le poivron rouge dans un grand récipient. Répartissez le mélange dans quatre assiettes creuses. Couvrez de tofu et de sauce satay. Servez aussitôt la salade de tofu garnie de feuilles de citron kaffir.

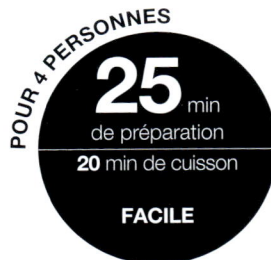

POUR 4 PERSONNES

25 min
de préparation

20 min de cuisson

FACILE

Curry de tofu et de légumes verts

Chez le primeur
3 mini-aubergines blanches
1 carotte
1 poivron rouge
200 g de brocolis
2 feuilles de citron kaffir sans les tiges
100 g de pois gourmands
1 ½ c. à s. de jus de citron vert

Chez l'épicier
250 g de tofu ferme
3 c. à s. d'huile végétale
3 ou 4 c. à s. de pâte de curry vert (voir p. 18)
50 cl de lait de coco
1 ½ c. à s. de sucre de palme râpé ou de sucre roux

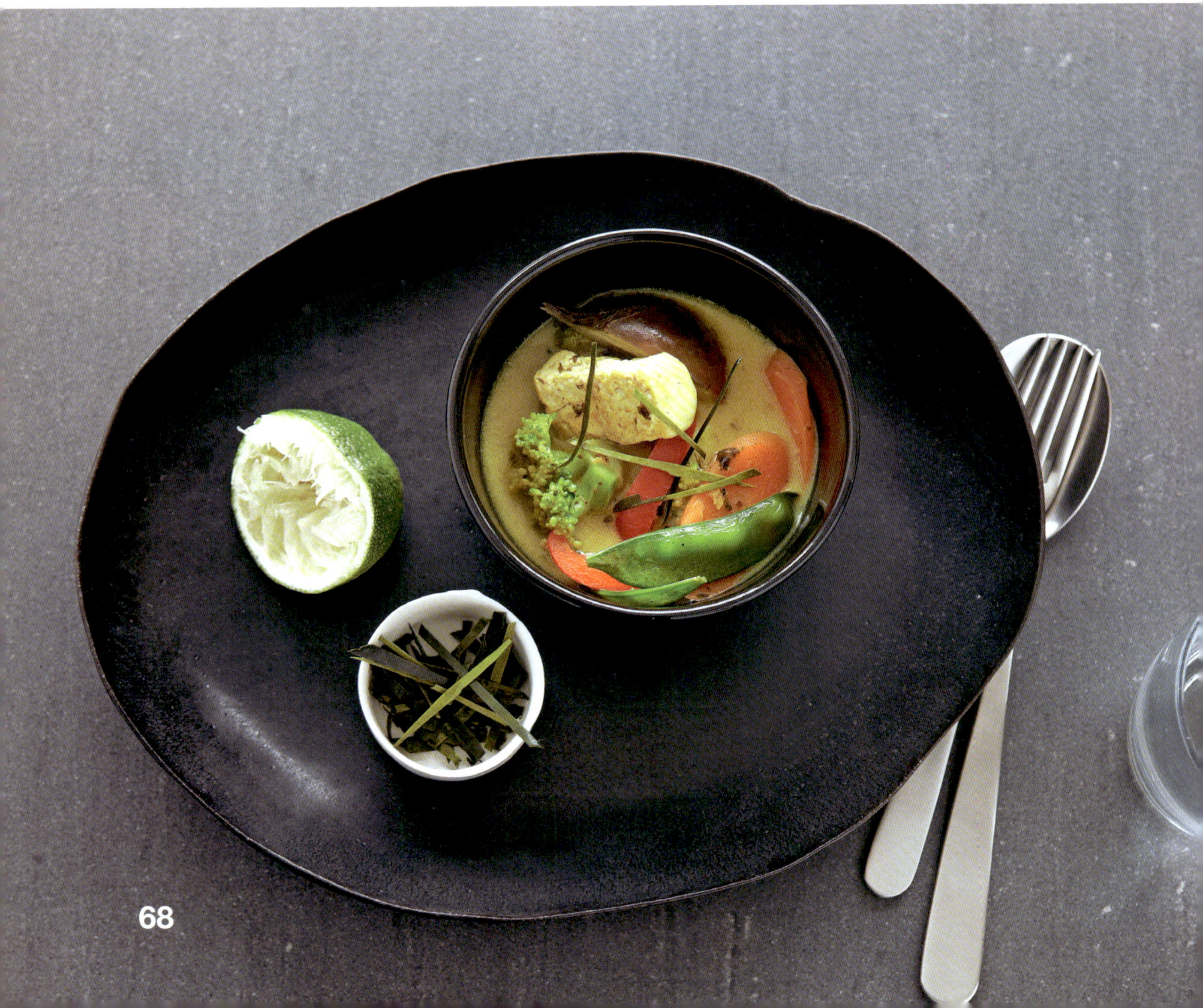

1 préparer

Émincez grossièrement le tofu. Coupez les aubergines en petits morceaux. Épluchez et émincez la carotte. Émincez le poivron. Détaillez le brocoli en petits bouquets. Ciselez finement les feuilles de citron kaffir.

2 cuire

Préchauffez l'huile dans un wok et faites-y dorer le tofu. Ajoutez la pâte de curry vert et la crème de coco qui s'est formée en haut de la boîte. Laissez cuire 3 minutes sans cesser de remuer. Ajoutez le reste de lait de coco, les aubergines, la carotte, le poivron rouge et le sucre. Portez à ébullition, puis réduisez le feu et laissez mijoter 10 minutes.

3 assembler

Incorporez le brocoli et les pois gourmands. Prolongez la cuisson de 5 minutes jusqu'à ce que le brocoli soit tendre. Éteignez le feu et versez le jus de citron vert. Servez ce curry parsemé des feuilles de citron kaffir ciselées.

poissons & fruits de mer

POISSONS & FRUITS DE MER

Bar vapeur, citronnelle et piment

POUR 4 PERSONNES
15 min de préparation
15-20 min de cuisson
TRÈS FACILE

Chez le poissonnier
1 bar entier de 750 g
  (ou vivaneau, ou daurade
  ou perche)

Chez le primeur
1 tige de citronnelle
1 grand piment rouge
1 grand piment vert

2 oignons nouveaux
1 ½ c. à s. de gingembre émincé
4 c. à s. de jus de citron vert
quelques feuilles de coriandre

Chez l'épicier
3 c. à s. de sauce de poisson
1 ½ c. à s. de sucre en poudre
12,5 cl de bouillon de poule

Matériel
cuit-vapeur électrique ou panier
  vapeur en bambou
papier sulfurisé (facultatif)

1 préparer

Pratiquez trois entailles en diagonale dans la partie la plus charnue de chaque face du poisson. Épluchez et émincez la citronnelle. Épépinez et hachez finement les piments. Émincez finement les oignons nouveaux.

2 assaisonner

Couvrez le poisson de citronnelle et de gingembre. Mettez les piments, la sauce de poisson, le jus de citron vert, le sucre et le bouillon dans un saladier. Mélangez soigneusement jusqu'à dissolution du sucre.

3 cuire

Mettez le poisson dans un cuit-vapeur ou dans un panier vapeur tapissé de papier sulfurisé troué placé au-dessus d'un récipient d'eau frémissante. Couvrez et laissez cuire pendant 15 minutes. Le poisson doit s'émietter facilement avec la pointe d'un couteau. Versez le mélange pimenté sur le poisson chaud et servez-le garni de feuilles de coriandre et d'oignons nouveaux.

POISSONS & FRUITS DE MER

Lutjan frit sauce aigre-douce

POUR 4 PERSONNES
15 min de préparation
15 min de cuisson
FACILE

Chez le poissonnier
1 lutjan entier de 750 g
 (ou vivaneau ou daurade)

Chez le primeur
10 g de tamarin
4 gousses d'ail
1 grand piment rouge
4 c. à s. d'échalotes d'Asie
 ou d'oignons rouges hachés
4 c. à s. de jus de citron vert

Chez l'épicier
1 l d'huile d'arachide
 pour la friture
3 c. à s. de sauce d'huile de soja
1 ½ c. à s. de sauce de poisson
115 g de sucre de palme râpé
 ou de sucre roux

Matériel
chinois

1 préparer

Nettoyez le poisson. Pratiquez trois entailles sur chaque face et essuyez-le avec du papier absorbant. Faites tremper le morceau de tamarin dans 10 cl d'eau chaude. Pressez le tamarin dans l'eau pour que celle-ci s'imprègne de la saveur et de la couleur du fruit. Filtrez l'eau à l'aide d'un chinois et réservez-en 3 cuillerées à soupe. Épluchez et hachez les gousses d'ail. Émincez le piment.

2 réduire

Préparez la sauce. Faites chauffer l'huile de soja dans un wok. Laissez-y dorer l'échalote et l'ail de 3 à 5 minutes à feu doux. Ajoutez l'eau de tamarin, la sauce de poisson, le sucre de palme et le jus de citron. Laissez frémir pendant 10 minutes. Quand le mélange se transforme en sirop, ajoutez le piment émincé.

3 frire

Faites chauffer l'huile d'arachide dans un wok à feu moyen. Plongez doucement le poisson dans l'huile et laissez-le frire de 3 à 5 minutes de chaque côté. Égouttez-le sur du papier absorbant. Arrosez le poisson de la sauce et servez aussitôt.

POISSONS & FRUITS DE MER

Nouilles de riz plates aux fruits de mer

POUR 4 PERSONNES
25 min de préparation
10 min de cuisson
FACILE

Chez le poissonnier
300 g de grosses crevettes crues
200 g de petits calamars

Chez le primeur
2 gousses d'ail
200 g de brocolis chinois ou de bok choy
1 poivron rouge
100 g de jeunes épis de maïs

Chez l'épicier
500 g de nouilles de riz fraîches
3 ou 4 c. à s. de sauce soja foncée
¼ de c. à c. de poivre noir concassé
3 c. à s. d'huile végétale
6 cl de bouillon de poule
3 c. à s. de sauce d'huître
3 c. à s. de sauce soja claire
1 ½ c. à s. de sucre en poudre

1 préparer

Émincez finement les calamars. Décortiquez les crevettes en gardant les queues intactes, retirez la nervure centrale. Épluchez et hachez les gousses d'ail. Hachez grossièrement le brocoli ou le bok choy, puis émincez le poivron.

2 mélanger

Séparez les nouilles, puis mélangez-les avec la sauce soja et le poivre noir dans un saladier. Si vous les avez réfrigérées, rincez les nouilles sous l'eau chaude pour les ramollir. Attention : l'eau ne doit pas être bouillante au risque de casser les nouilles.

3 cuire

Faites chauffer l'huile dans un wok, ajoutez l'ail, les crevettes et les calamars. Laissez revenir pendant 3 minutes. Incorporez le brocoli ou le bok choy, le poivron rouge et les épis de maïs. Laissez sauter à nouveau 3 minutes, puis ajoutez le bouillon, la sauce d'huître, la sauce soja et le sucre. Poursuivez la cuisson jusqu'à ce que les nouilles soient bien enrobées de sauce. Servez aussitôt.

POISSONS & FRUITS DE MER

Crevettes à la confiture de piments et basilic

POUR 4 PERSONNES
25 min de préparation
15 min de cuisson
FACILE

Chez le poissonnier
1 kg de grosses crevettes crues

Chez le primeur
3 gousses d'ail
4 feuilles de citron kaffir sans les tiges
1 grand piment rouge
2 grappes de poivre vert frais
50 g de feuilles de basilic thaï

Chez l'épicier
1 ½ c. à s. d'huile végétale
3 c. à s. de confiture de piments (nam prik pao, voir p. 22) ou de sauce de haricot noir
8 cl de sauce de poisson
4 c. à s. de sucre de palme râpé ou de sucre roux
2 c. à s. d'ail frit

1 préparer

Décortiquez les crevettes et retirez la nervure centrale. Épluchez et hachez les gousses d'ail. Ciselez les feuilles de citron kaffir. Épépinez et émincez finement le piment.

2 cuire

Faites chauffer l'huile dans un wok à feu moyen. Ajoutez les crevettes, le poivre vert et 2 cuillerées à soupe d'eau. Laissez revenir pendant 5 minutes jusqu'à ce que les crevettes deviennent roses. Ajoutez l'ail haché, la confiture de piments ou la sauce de haricot noir et les feuilles de citron kaffir. Prolongez la cuisson de 3 minutes de sorte que le mélange développe son arôme. Incorporez la sauce de poisson et le sucre. Portez à ébullition, puis réduisez le feu et laissez mijoter encore 5 minutes.

3 assembler

Ajoutez les feuilles de basilic thaï et garnissez de piment émincé et d'ail frit. Laissez cuire les crevettes jusqu'à ce qu'elles soient bien enrobées de la sauce caramélisée au piment. Servez aussitôt.

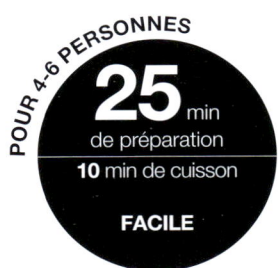

POUR 4-6 PERSONNES

25 min de préparation

10 min de cuisson

FACILE

Riz sauté aux fruits de mer

Chez le poissonnier
300 g de grosses crevettes crues
300 g de poisson blanc à chair ferme (lotte ou dos de cabillaud)
300 g de calamars

Chez le primeur
3 gousses d'ail
2 échalotes d'Asie
4 oignons nouveaux
1 tomate
1 grand piment rouge
100 g de germes de soja
3 c. à s. de feuilles de coriandre
3 c. à s. de feuilles de basilic thaï

Chez l'épicier
3 c. à s. d'huile végétale
3 c. à s. de gingembre haché
1 ½ c. à s. de sucre de palme râpé ou de sucre roux
3 c. à s. de sauce de poisson
750 g de riz au jasmin cuit froid

Pour accompagner
sauce soja
rondelles de citron vert

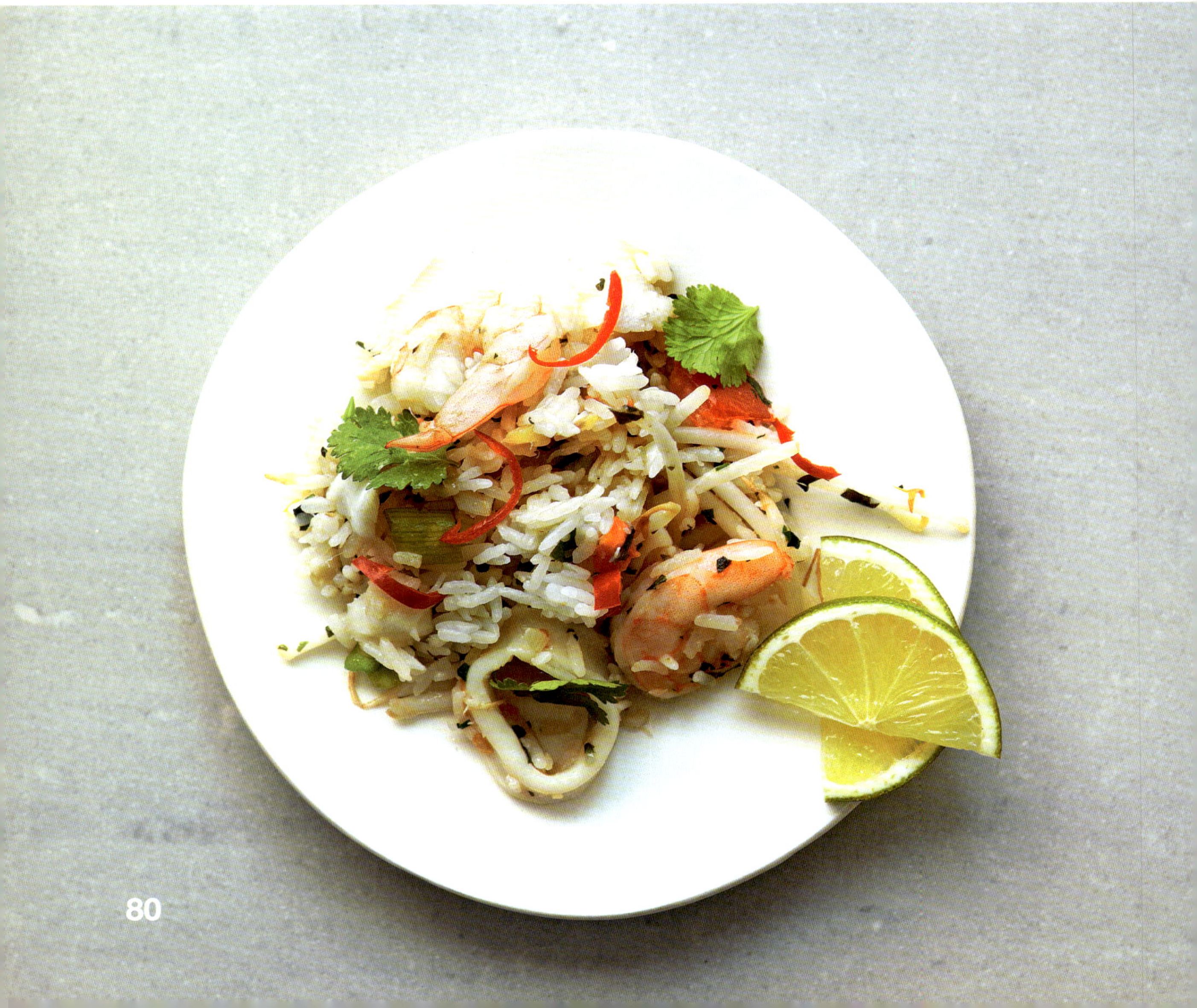

1 préparer

Décortiquez les crevettes et ôtez la nervure centrale. Coupez le poisson en cubes de 2 cm de côté. Détaillez les calamars en lamelles. Épluchez puis émincez l'ail, les échalotes et les oignons nouveaux. Hachez la tomate. Épépinez et émincez le piment. Ciselez les feuilles de coriandre et de basilic thaï.

2 cuire

Préchauffez l'huile dans un grand wok à feu moyen. Faites-y revenir le gingembre, l'ail et les échalotes pendant 2 minutes. Incorporez les crevettes, les cubes de poisson, les calamars, le sucre et la sauce de poisson. Prolongez la cuisson de 2 minutes.

3 assembler

Ajoutez le riz, la tomate et les oignons nouveaux. Laissez revenir encore 2 minutes. Incorporez les germes de soja, la coriandre, le basilic et le piment. Remuez pendant 1 minute. Versez le tout dans un plat de service. Servez aussitôt accompagné de sauce soja et de rondelles de citron vert.

POISSONS & FRUITS DE MER

Calamars sautés ail et poivre

POUR 4 PERSONNES
25 min de préparation
10 min de cuisson
FACILE

Chez le poissonnier
500 g de calamars nettoyés

Chez le primeur
2 oignons nouveaux
3 c. à s. d'ail haché
1 ½ c. à s. de racine de coriandre hachée
1 ½ c. à s. de jus de citron vert

Chez l'épicier
1 c. à c. de grains de poivre blanc
½ c. à c. de sel
3 c. à s. d'huile d'arachide
3 c. à s. de sauce de poisson

Matériel
pilon et mortier ou moulin à épices

1 préparer

Étalez les calamars sur un plan de travail et incisez-les de la pointe du couteau dans un sens, puis dans l'autre, de façon à former des croisillons. Détaillez les oignons nouveaux en morceaux de 3 cm de côté.

2 piler

Mettez l'ail, la racine de coriandre, les grains de poivre blanc et le sel dans un mortier ou un moulin à épices. Travaillez le tout jusqu'à l'obtention d'une pâte.

3 cuire

Faites chauffer l'huile dans un wok et laissez revenir les calamars jusqu'à ce qu'ils blanchissent et se retournent sur eux-mêmes. Incorporez la pâte précédente et poursuivez la cuisson de sorte que les calamars soient juste légèrement fermes. Ajoutez les oignons nouveaux et la sauce de poisson, laissez cuire encore 2 minutes. Éteignez le feu et incorporez le jus de citron vert. Servez chaud.

POISSONS & FRUITS DE MER

Curry chu chi de noix de Saint-Jacques et poisson blanc

POUR 4 PERSONNES
15 min de préparation
35 min de cuisson
FACILE

Chez le poissonnier
300 g de filet de poisson blanc
 (lutjan, cabillaud ou flétan)
12 noix de Saint-Jacques

Chez le primeur
4 feuilles de citron kaffir
 sans les tiges
3 c. à s. de feuilles de basilic thaï

Chez l'épicier
1 c. à c. de pâte de crevette
 (facultatif)
50 cl de lait de coco en conserve
3 c. à s. de pâte de curry rouge
3 c. à s. de sauce de poisson
de 1 ½ à 3 c. à s. de sucre
 de palme ou de sucre roux
½ c. à c. de poivre blanc

1 préparer

Coupez le poisson en dés. Ôtez le corail des noix de Saint-Jacques. Ciselez les feuilles de citron kaffir.

2 cuire

Faites éventuellement griller la pâte de crevette à la poêle, si vous l'utilisez. Préchauffez un wok. Ajoutez la pâte de curry rouge et la crème de coco qui s'est formée sur le haut de la boîte. Laissez chauffer 5 minutes à feu moyen, puis ajoutez le lait de coco.

3 assembler

Incorporez la pâte de crevette (si vous l'utilisez), la sauce de poisson, le sucre de palme, les feuilles de citron kaffir et le poivre blanc. Laissez mijoter pendant 20 minutes jusqu'à réduction et épaississement du curry. Ajoutez le poisson, le basilic et les noix de Saint-Jacques. Prolongez la cuisson de 5 minutes. Servez aussitôt.

POISSONS & FRUITS DE MER

Salade de crevettes glacées

POUR 4 PERSONNES
25 min de préparation
4 h de réfrigération
5-7 min de cuisson
FACILE

Chez le poissonnier
750 g de grosses crevettes crues

Chez le primeur
1 grand piment rouge
25 g de feuilles de coriandre
2 oignons nouveaux
4 c. à s. de jus de citron vert
3 c. à s. de citronnelle finement hachée
4 c. à s. d'échalotes d'Asie finement hachées
3 c. à s. de feuilles de menthe finement ciselées

Chez l'épicier
4 c. à s. de sauce de poisson
3 c. à s. de confiture de piments (nam prik pao, voir p. 22)

1 préparer

Décortiquez les crevettes en gardant les queues intactes, retirez la nervure centrale. Épépinez et émincez finement le piment. Ciselez les feuilles de coriandre. Émincez finement les oignons nouveaux.

2 mélanger

Dans un saladier, mélangez au fouet la sauce de poisson, le jus de citron vert et la confiture de piments. Ajoutez les crevettes et remuez pour les enrober de sauce. Ajoutez le piment, la citronnelle, les échalotes, la coriandre, la menthe et les oignons nouveaux. Mélangez soigneusement. Égouttez les crevettes en réservant la sauce.

3 cuire

Faites revenir les crevettes dans un wok à feu moyen pendant 3 à 5 minutes. Quand elles sont roses, incorporez la sauce et portez à ébullition. Transférez le tout dans un saladier et laissez refroidir au réfrigérateur pendant 4 heures avant de servir.

volailles

VOLAILLES

Poulet grillé comme à Bangkok

POUR 4 PERSONNES
20 min de préparation
4 à 8 h de marinade
30 min de cuisson
TRÈS FACILE

Chez le boucher
4 cuisses de poulet et hauts de cuisse

Chez le primeur
2 oignons nouveaux
4 c. à s. d'ail haché
4 c. à s. de citronnelle hachée
1 c. à c. de racine de coriandre hachée
3 c. à s. de jus de citron vert

Chez l'épicier
3 c. à s. de sauce de poisson
1 ½ c. à s. de sauce soja claire
1 ½ c. à s. de sucre en poudre
½ c. à c. de poivre blanc moulu

Matériel
pilon et mortier

1 préparer

Pratiquez plusieurs entailles dans la chair du poulet pour assurer une cuisson régulière. Hachez finement les oignons nouveaux.

2 assembler

Dans un mortier, écrasez l'ail, la citronnelle, la racine de coriandre et les oignons nouveaux jusqu'à l'obtention d'une pâte. Versez cette pâte dans un saladier. Incorporez la sauce de poisson, la sauce soja, le sucre, le jus de citron vert et le poivre blanc. Mélangez bien le tout. Versez la marinade sur le poulet et frottez-le de toutes parts. Laissez mariner au moins 4 heures, voire une nuit entière si possible.

3 cuire

Faites cuire le poulet pendant environ 30 minutes au barbecue, sur un gril en fonte légèrement huilé ou sous le gril du four préchauffé, en le retournant plusieurs fois pendant la cuisson. Servez chaud.

VOLAILLES

Poulet sauce Satay

POUR 4 PERSONNES
15 min de préparation
20 min de cuisson
TRÈS FACILE

Chez le boucher
500 g de blanc de poulet

Chez le primeur
1 poivron rouge
1 carotte
100 g de haricots verts
1 gros piment rouge
3 c. à s. de feuilles de coriandre
200 g de brocolis

Chez l'épicier
3 c. à s. de cacahuètes
1 c. à s. d'huile végétale
2 c. à s. de pâte de curry rouge
2 c. à s. de beurre de cacahuètes
40 cl de lait de coco
1 c. à s. de sauce de poisson thaïe (nam pla)
1 c. à s. de sucre de palme râpé ou de sucre roux

1 préparer

Détaillez la chair de poulet en cubes. Émincez le poivron et la carotte préalablement épluchée. Coupez les haricots verts en tronçons. Épépinez et émincez finement le piment rouge. Hachez la coriandre. Écrasez grossièrement les cacahuètes. Détaillez le brocolis en petites fleurette.

2 saisir

Faites chauffer l'huile dans un wok, puis faites-y revenir la pâte de curry rouge et le beurre de cacahuètes pendant 5 minutes à feu moyen. Ajoutez le poulet et faites-le frire également 5 minutes en remuant jusqu'à ce qu'il soit bien doré.

3 assembler

Mouillez avec le lait de coco, puis incorporez les légumes, la sauce de poisson et le sucre. Portez à ébullition, réduisez le feu et laissez frémir pendant 10 minutes. Au moment de servir, décorez avec les cacahuètes, le piment rouge et les feuilles de coriandre.

VOLAILLES

POUR 4 PERSONNES
15 min de préparation
10 min de cuisson
TRÈS FACILE

Poulet sauté aux noix de cajou

Chez le boucher
500 g de cuisses de poulet

Chez le primeur
2 échalotes d'Asie
1 ½ c. à s. de galanga
1 poivron rouge
3 oignons nouveaux
3 c. à s. de feuilles de coriandre

Chez l'épicier
100 g de noix de cajou
  non salées
3 c. à s. d'huile végétale
2 piments séchés entiers
3 c. à s. de sauce soja
1 ½ c. à s. de sucre de palme
  râpé ou de sucre roux
1 ½ c. à s. de sauce de poisson
poivre blanc moulu

1 préparer

Épluchez puis émincez finement les échalotes et le galanga. Émincez finement le poivron. Coupez les oignons nouveaux en morceaux de 5 cm de côté. Faites griller les noix de cajou quelques instants à la poêle, sans matières grasses.

2 dorer

Faites chauffer l'huile dans un wok à feu moyen et faites-y revenir les échalotes et le galanga. Quand le mélange commence à brunir, ajoutez les cuisses de poulet et faites-les dorer pendant 4 minutes.

3 assembler

Ajoutez les piments, le poivron et les oignons nouveaux. Prolongez la cuisson de 3 minutes. Incorporez la sauce soja, le sucre, la sauce de poisson et les noix de cajou. Laissez mijoter encore 1 ou 2 minutes. Présentez le poulet dans un plat de service, garnissez-le de feuilles de coriandre et assaisonnez-le de poivre blanc. Servez chaud.

VOLAILLES

Curry vert de poulet aux aubergines

POUR 4 PERSONNES
20 min de préparation
30 min de cuisson
TRÈS FACILE

Chez le boucher
500 g de cuisses de poulet désossées

Chez le primeur
6 aubergines pois
4 feuilles de combava
2 c. à s. de feuilles de basilic thaï

Chez l'épicier
1 c. à s. d'huile végétale
2 ou 3 c. à s. de pâte de curry vert (voir p. 18)
50 cl de lait de coco
1 c. à s. de sauce de poisson
1 c. à s. de sucre de palme râpé ou de sucre roux

Pour accompagner
riz

1 trancher

Coupez les aubergines pois en quartiers. Détaillez les feuilles de combava en fines lanières.

2 chauffer

Faites chauffer l'huile dans un wok, ajoutez la pâte de curry vert et faites cuire jusqu'à ce que l'huile remonte à la surface. Versez le lait de coco et faites cuire pendant 5 minutes.

3 assembler

Ajoutez le poulet, les aubergines et les feuilles de combava, puis laissez mijoter pendant 10 minutes jusqu'à ce que le poulet soit tendre. Assaisonnez avec la sauce de poisson et le sucre de palme. Parsemez le curry de feuilles de basilic et servez avec du riz.

VOLAILLES

Canard au curry et à l'ananas

POUR 4 PERSONNES
20 min de préparation
25 min de cuisson
FACILE

Chez le boucher
½ canard rôti chinois

Chez le primeur
2 tiges de citronnelle
3 feuilles de citron kaffir sans les tiges
4 oignons nouveaux
400 g d'ananas frais
6 tomates cerises
3 c. à s. de feuilles de basilic frais

Chez l'épicier
3 c. à s. d'huile végétale
3 ou 4 c. à s. de pâte de curry rouge (voir p. 20)
50 cl de lait de coco
25 cl de bouillon de poule
3 c. à s. de sauce de poisson
3 c. à s. de sucre de palme râpé ou de sucre roux

Pour accompagner
riz (facultatif)

1 préparer

Détaillez le canard en petits morceaux. Épluchez la citronnelle et froissez-la, puis ciselez les feuilles de citron kaffir. Émincez les oignons nouveaux. Coupez la chair d'ananas en petits morceaux.

2 chauffer

Faites chauffer l'huile dans un wok et laissez-y cuire la pâte de curry pendant 2 minutes, puis versez le lait de coco (avec la crème qui s'est formée en haut de la boîte). Portez à ébullition sans cesser de remuer.

3 assembler

Incorporez le bouillon, la citronnelle, le canard, les oignons nouveaux, les feuilles de citron kaffir, les tomates cerises et l'ananas. Portez à ébullition, puis réduisez le feu et laissez mijoter pendant 15 minutes à découvert. Ajoutez la sauce de poisson, le sucre et les feuilles de basilic. Laissez cuire encore 5 minutes. Répartissez le canard ainsi préparé dans des assiettes de service. Servez chaud, éventuellement accompagné de riz.

VOLAILLES

Curry jaune de poulet

POUR 4 PERSONNES
30 min de préparation
45 min de cuisson
FACILE

Chez le boucher
8 pilons de poulet

Chez le primeur
10 g de tamarin
2 pommes de terre
1 oignon

Chez l'épicier
130 g de pousses de bambou en conserve
3 c. à s. d'huile végétale
3 ou 4 c. à s. de pâte de curry jaune (voir p. 21)
1 c. à c. de curry en poudre
25 cl de lait de coco en conserve
25 cl de bouillon de poule
1 ½ c. à s. de sauce de poisson
3 c. à s. de sucre de palme râpé ou de sucre roux

Pour accompagner
riz (facultatif)

Matériel
chinois

1 préparer

Faites tremper le morceau de tamarin dans 10 cl d'eau chaude. Pressez le tamarin dans l'eau pour que celle-ci s'imprègne de la saveur et de la couleur du fruit. Filtrez l'eau à l'aide d'un chinois et réservez-en 3 cuillerées à soupe. Faites légèrement cuire les pommes de terre à l'eau, puis épluchez-les et coupez-les en gros morceaux. Émincez l'oignon. Égouttez les pousses de bambou. Pratiquez plusieurs entailles dans les pilons de poulet.

2 cuire

Préchauffez l'huile dans un wok, ajoutez la pâte de curry et le curry en poudre. Laissez cuire pendant 2 minutes, puis versez le lait de coco (avec la crème qui s'est formée en haut de la boîte). Portez à ébullition sans cesser de remuer.

3 assembler

Ajoutez le poulet au contenu du wok avec les pommes de terre, l'oignon, les pousses de bambou et le bouillon. Laissez mijoter de 30 à 40 minutes. Incorporez la sauce de poisson, l'eau de tamarin et le sucre. Prolongez la cuisson de 5 minutes. Répartissez le curry dans des assiettes de service. Servez aussitôt, éventuellement accompagné de riz.

VOLAILLES

Curry vert de poulet parfumé

POUR 4 PERSONNES
20 min de préparation
30 min de cuisson
FACILE

Chez le boucher
400 g de blanc de poulet

Chez le primeur
2 feuilles de citron kaffir sans les tiges
4 mini-aubergines blanches
50 g d'aubergines pois (facultatif)
100 g de haricots serpents ou de haricots verts
4 c. à s. de feuilles de basilic thaï
1 c. à c. de jus de citron vert
quelques feuilles de coriandre

Chez l'épicier
100 g de pousses de bambou en conserve
1 ½ c. à s. d'huile végétale
de 1 ½ à 3 c. à s. de pâte de curry vert (voir p. 18)
50 cl de lait de coco
3 c. à s. de sauce de poisson
3 c. à s. de sucre de palme râpé ou de sucre roux

1 préparer

Émincez le blanc de poulet. Ciselez les feuilles de citron kaffir. Détaillez les aubergines en quartiers. Émincez les haricots. Égouttez les pousses de bambou.

2 saisir

Préchauffez l'huile dans un wok et faites-y revenir le poulet pendant 5 minutes à feu moyen. Quand il est doré, ajoutez la pâte de curry vert et laissez revenir jusqu'à ce qu'elle libère son arôme.

3 assembler

Incorporez le lait de coco et les feuilles de citron kaffir. Portez à ébullition et laissez bouillir 5 minutes. Réduisez le feu et ajoutez les aubergines blanches, les aubergines pois, les haricots serpents et les pousses de bambou. Laissez mijoter 15 minutes. Incorporez les feuilles de basilic, la sauce de poisson et le sucre. Prolongez la cuisson de 5 minutes. Éteignez le feu. Incorporez le jus de citron vert. Servez le poulet au curry vert agrémenté de feuilles de coriandre.

POUR 4 PERSONNES
10 min de préparation
10 min de cuisson
FACILE

VOLAILLES

Poulet pimenté au basilic

Chez le boucher
500 g de blanc de poulet

Chez le primeur
150 g de brocolinis (tiges tendres de brocoli)
1 grand piment rouge
1 grand piment vert
1 ½ c. à s. d'ail haché
20 g de feuilles de basilic thaï

Chez l'épicier
3 c. à s. d'huile végétale
3 c. à s. de confiture de piments (nam prik pao, voir p. 22)
3 c. à s. de sauce de poisson

1 trancher

Émincez finement le blanc de poulet. Hachez grossièrement les brocolinis. Épépinez et coupez les piments en fines lamelles.

2 saisir

Faites chauffer l'huile dans un wok à feu vif et saisissez-y l'ail pendant 1 minute. Ajoutez le poulet et laissez revenir 1 ou 2 minutes en remuant constamment jusqu'à ce qu'il dore de toutes parts.

3 assembler

Incorporez les tiges de brocoli, les piments, la confiture de piments et la sauce de poisson. Laissez sauter 5 minutes. Quand le poulet est cuit, incorporez les feuilles de basilic jusqu'à ce qu'elles ramollissent. Éteignez le feu et débarrassez la préparation dans des assiettes de service. Servez aussitôt.

VOLAILLES

Nouilles épicées au poulet

POUR 4 PERSONNES
15 min de préparation
15 min de cuisson
FACILE

Chez le boucher
500 g de blanc de poulet

Chez le primeur
5 g de tamarin
4 gousses d'ail
2 échalotes d'Asie
1 poivron rouge
100 g d'asperges
100 g de brocolinis (tiges tendres de brocoli)
10 g de feuilles de coriandre

Chez l'épicier
1 ½ c. à s. d'huile végétale
1 c. à c. de piment séché
3 c. à s. de sauce de poisson
1 ½ c. à s. de sucre de palme râpé ou de sucre roux
400 g de nouilles hokkien

Pour accompagner
quartiers de citron vert

Matériel
chinois

1 préparer

Faites tremper le morceau de tamarin dans 5 cl d'eau chaude. Pressez le tamarin dans l'eau pour que celle-ci s'imprègne de la saveur et de la couleur du fruit. Filtrez l'eau à l'aide d'un chinois et réservez-en 1 ½ cuillerée à soupe. Épluchez l'ail et les échalotes. Écrasez l'ail et hachez les échalotes. Émincez le blanc de poulet, le poivron et les asperges. Hachez grossièrement les brocolinis.

2 saisir

Dans un wok, faites chauffer l'huile à feu moyen. Faites-y revenir l'ail, le piment et les échalotes pendant 2 minutes avant d'ajouter le poulet. Laissez alors cuire pendant 5 minutes.

3 assembler

Ajoutez le poivron rouge, les asperges et les brocolinis. Laissez cuire encore 3 minutes et incorporez la sauce de poisson, le sucre, l'eau de tamarin et les nouilles hokkien. Prolongez la cuisson de 2 minutes. Incorporez les feuilles de coriandre. Servez les nouilles aussitôt agrémentées de quartiers de citron vert.

VOLAILLES

POUR 4 PERSONNES
30 min de préparation
30 min de trempage
15 min de cuisson
FACILE

Pad thaï au poulet

Chez le boucher
300 g de blanc de poulet

Chez le primeur
3 gousses d'ail
3 c. à s. de ciboule chinoise
1 citron vert
15 g de tamarin
1 concombre
280 g de germes de soja

Chez l'épicier
100 g de tofu ferme
2 œufs
250 g de pâtes de riz
8 c. à s. de sauce de poisson
3 c. à s. de sucre en poudre
3 c. à s. d'huile végétale
3 c. à s. de crevettes séchées (facultatif)
4 c. à s. de cacahuètes grillées hachées

Matériel
chinois

1 préparer

Émincez le blanc de poulet. Égouttez et émincez finement le tofu. Épluchez et hachez les gousses d'ail. Coupez la ciboule en tronçons de 3 cm. Cassez les œufs dans un bol et battez-les légèrement. Coupez le citron vert en quartiers. Pelez et émincez le concombre.

2 tremper

Dans un saladier, laissez tremper les pâtes de riz pendant 20 minutes dans l'eau froide, puis égouttez-les soigneusement. Faites tremper le morceau de tamarin dans 15 cl d'eau chaude. Pressez le tamarin dans l'eau pour que celle-ci s'imprègne de la saveur et de la couleur du fruit. Filtrez l'eau à l'aide d'un chinois et réservez-en 6 cuillerées à soupe. Mélangez la sauce de poisson, le sucre et l'eau de tamarin dans un bol.

3 cuire

Faites chauffer l'huile dans un wok. Faites-y revenir le poulet et le tofu pendant 5 minutes à feu vif. Quand le poulet commence à brunir, ajoutez l'ail et les crevettes séchées (si vous en utilisez), puis prolongez la cuisson de 2 minutes. Incorporez les pâtes de riz et laissez cuire 2 minutes avant d'incorporer les germes de soja. Versez la sauce dans le wok et laissez sauter pendant 5 minutes jusqu'à ce que les pâtes absorbent la sauce. Poussez les pâtes sur le côté de la poêle et versez les œufs. Mélangez-les rapidement. Ajoutez les cacahuètes et la ciboule. Remuez et laissez cuire encore 2 minutes. Servez le pad thaï sur assiette, accompagné d'un quartier de citron vert et de quelques tranches de concombre.

VOLAILLES

Laksa de poulet

POUR 4 PERSONNES
30 min de préparation
10 min de trempage
25 min de cuisson
FACILE

Chez le boucher
3 cuisses de poulet désossées

Chez le primeur
le jus de 1 citron vert
90 g de pousses de soja
quelques feuilles de coriandre fraîche

Chez l'épicier
100 g de vermicelles de riz séchés
2 ou 3 c. à s. de pâte laksa (à défaut, de la pâte de crevettes épicée)
80 cl de crème de coco en conserve
50 cl de bouillon de poule
1 c. à s. de sauce de poisson
1 c. à s. de sucre roux

Pour accompagner
quelques échalotes asiatiques frites
un peu de pâte de piment à l'huile de soja

1 tremper

Mettez les vermicelles dans un récipient, recouvrez-les d'eau bouillante et laissez-les reposer pendant 10 minutes jusqu'à ce qu'ils soient tendres. Égouttez-les bien.

2 cuire

Faites cuire la pâte laksa dans un peu de crème de coco se trouvant à la surface de la boîte de conserve jusqu'à ce qu'elle soit odorante. Ajoutez le reste de crème de coco, le bouillon de poule, la sauce de poisson et le sucre. Portez à ébullition, puis baissez le feu et laissez mijoter pendant 10 minutes. Ajoutez le poulet, couvrez et laissez mijoter 15 minutes. Assaisonnez de jus de citron vert et de sucre à votre goût.

3 servir

Répartissez les vermicelles et les pousses de soja dans 4 bols de service et recouvrez de bouillon. Garnissez de feuilles de coriandre, d'échalotes asiatiques frites et de pâte de piment avant de servir.

POUR 4 PERSONNES

15 min
de préparation

15 min de cuisson

FACILE

Sauté de poulet au gingembre et pois gourmands

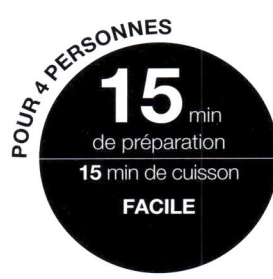

Chez le boucher
500 g de blanc de poulet

Chez le primeur
3 c. à s. de gingembre
2 branches de céleri
2 gousses d'ail
130 g de châtaignes d'eau
2 oignons nouveaux
200 g de pois gourmands

Chez l'épicier
3 c. à s. d'huile végétale
4 c. à s. de sauce soja
1 ½ c. à s. de sucre en poudre
12,5 cl de bouillon de poule
1 ½ c. à s. de vin rouge chinois

Pour accompagner
riz (facultatif)

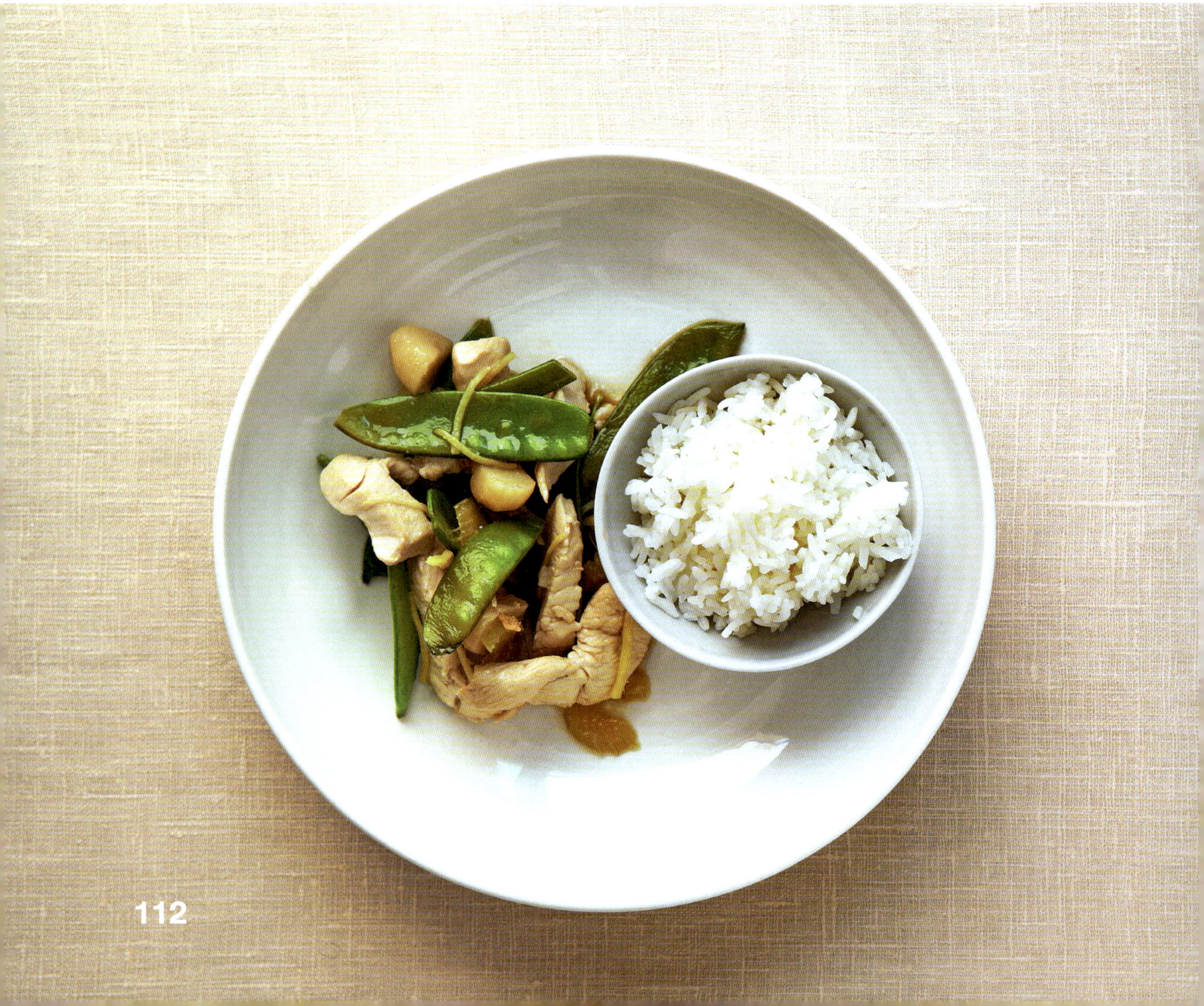

1 trancher

Émincez le blanc de poulet. Épluchez et émincez finement le gingembre et le céleri. Épluchez et hachez les gousses d'ail. Coupez les châtaignes en deux. Coupez les oignons nouveaux en morceaux de 3 cm de côté.

2 saisir

Faites chauffer l'huile dans un wok et laissez-y dorer le blanc de poulet pendant 5 minutes à feu moyen. Ajoutez le gingembre, l'ail, le céleri et les châtaignes d'eau. Laissez cuire 3 minutes.

3 assembler

Incorporez les pois gourmands, les oignons nouveaux, la sauce soja, le sucre, le bouillon et le vin rouge. Laissez cuire jusqu'à ébullition, en remuant constamment. Répartissez le poulet ainsi préparé dans des assiettes de service. Servez chaud, éventuellement accompagné de riz.

VOLAILLES

Curry de poulet au maïs et pousses de bambou

POUR 4-6 PERSONNES
10 min de préparation
30 min de cuisson
FACILE

Chez le boucher
500 g de cuisses de poulet

Chez le primeur
100 g de jeunes épis de maïs
125 g de haricots verts extrafins
250 g de tomates cerises
20 g de feuilles de basilic thaï ou de coriandre

Chez l'épicier
12 cl de crème de coco
1 c. à s. de pâte de curry jaune (voir p. 21)
230 g de pousses de bambou en conserve
50 cl de lait de coco
1 c. à s. de sauce de poisson thaïe (nam pla)
1 ½ c. à s. de sucre de palme râpé ou de sucre roux

1 trancher

Émincez la chair de poulet. Coupez les épis de maïs en deux dans la longueur. Détaillez les haricots verts en tronçons.

2 saisir

Dans un wok, faites revenir la crème de coco et la pâte de curry jaune pendant 3 à 5 minutes à feu moyen, en remuant régulièrement, jusqu'à ce que le curry laisse échapper tous ses arômes. Ajoutez le poulet et faites-le dorer pendant 5 minutes.

3 cuire

Mouillez avec le lait de coco puis incorporez les haricots verts, les épis de maïs, les pousses de bambou et les tomates cerises. Portez à ébullition, réduisez la flamme et laissez frémir 10 minutes jusqu'à ce que le poulet soit tendre. Assaisonnez le curry avec la sauce de poisson et le sucre, puis poursuivez la cuisson 10 minutes à feu doux. Au moment de servir, décorez avec les feuilles de basilic thaï ou de coriandre.

viandes

VIANDES

Bœuf Penang

POUR 4 PERSONNES
15 min de préparation
15 min de cuisson
TRÈS FACILE

Chez le boucher
300 g de rumsteck

Chez le primeur
1 grand piment rouge
3 feuilles de citron kaffir sans les tiges
3 c. à s. de feuilles de basilic thaï

Chez l'épicier
3 c. à s. d'huile végétale
de 1 ½ à 3 c. à s. de pâte de curry Penang (voir p. 21)
25 cl de lait de coco
3 c. à s. de sauce de poisson
1 ½ c. à s. de sucre de palme râpé ou de sucre roux
½ c. à c. de poivre du moulin

1 préparer

Émincez la viande. Épépinez et émincez finement le piment. Ciselez finement les feuilles de citron kaffir.

2 chauffer

Préchauffez l'huile dans un wok et faites-y revenir la pâte de curry Penang et les feuilles de citron kaffir. Ajoutez le bœuf et la moitié du lait de coco. Laissez cuire la viande quelques instants (2 ou 3 minutes).

3 assembler

Incorporez le reste du lait de coco et portez à ébullition, sans cesser de remuer. Quand le lait bout (à peine 10 minutes), incorporez la sauce de poisson, le sucre, le basilic et le poivre du moulin. Laissez mijoter encore 3 minutes. Garnissez la viande ainsi préparée de piment rouge. Servez aussitôt.

VIANDES

Travers de porc à la façon nord-thaïlandaise

POUR 4 PERSONNES
15 min de préparation
4 à 8 h de marinade
20 min de cuisson
TRÈS FACILE

Chez le boucher
1 kg de travers de porc

Chez le primeur
1 ½ c. à s. de gingembre finement émincé

Chez l'épicier
1 c. à c. de poivre blanc
¼ de c. à c. de mélange cinq-épices
1 c. à c. de sel
8 c. à s. de sauce soja
4 c. à s. de sauce de poisson
4 c. à s. de sucre de palme râpé ou de sucre roux
4 c. à s. de whisky

1 mélanger

Mettez le gingembre, le poivre blanc, le mélange cinq-épices, le sel, la sauce soja, la sauce de poisson, le sucre et le whisky dans un grand récipient. Mélangez jusqu'à dissolution du sucre.

2 mariner

Ajoutez le travers de porc et badigeonnez la viande de cette marinade. Couvrez et laissez mariner au moins 4 heures, voire une nuit entière si possible.

3 griller

Préchauffez le gril du four. Sortez les travers de porc de la marinade, déposez-les sur la plaque du four munie d'une grille. Faites-les griller pendant environ 20 minutes en les retournant et en les arrosant régulièrement. Servez bien chaud.

VIANDES

POUR 4 PERSONNES
10 min de préparation
15 min de cuisson
TRÈS FACILE

Laab Moo (porc aux herbes, concombre et chou chinois)

Chez le boucher
500 g de viande de porc hachée

Chez le primeur
1 mini-concombre
45 g de chou chinois
3 c. à s. d'échalotes d'Asie ou d'oignons rouges
4 c. à s. de jus de citron vert
3 c. à s. de menthe ciselée
3 c. à s. de coriandre ciselée

Chez l'épicier
¼ de c. à c. de piment en poudre
4 c. à s. de sauce de poisson

1 trancher

Épluchez le mini-concombre, puis émincez le chou chinois et le mini-concombre.

2 cuire

Mettez la viande de porc hachée, le piment en poudre et les échalotes ou les oignons dans un wok. Ajoutez 2 cuillerées à soupe d'eau et faites revenir le porc à feu moyen sans le laisser brunir (un peu moins de 10 minutes).

3 assembler

Éteignez le feu et incorporez la sauce de poisson, le jus de citron vert, la menthe et la coriandre. Mélangez et faites chauffer encore 5 minutes environ. Servez le laab moo chaud accompagné du mini-concombre et du chou chinois émincés.

VIANDES

POUR 4 PERSONNES
15 min de préparation
10 min de repos
6 min de cuisson
FACILE

Salade de bœuf grillé

Chez le boucher
500 g de faux-filet de bœuf

Chez le primeur
1 mini-concombre
1 grand piment rouge
10 g de feuilles de coriandre
10 g de feuilles de menthe
2 échalotes d'Asie
4 c. à s. de jus de citron vert

Chez l'épicier
1 ½ c. à s. de sauce d'huître
3 c. à s. de sucre de palme râpé ou de sucre roux
3 c. à s. d'échalotes frites
4 c. à s. de sauce de poisson
4 c. à s. de cacahuètes grillées non salées grossièrement hachées

1 préparer

Badigeonnez le faux-filet de sauce d'huître. Épépinez et émincez le concombre et le piment. Ciselez les feuilles de coriandre et de menthe. Épluchez et émincez les échalotes.

2 griller

Pour obtenir une viande à point, faites-la griller pendant 3 minutes de chaque côté sur un barbecue ou un gril en fonte. Retirez le faux-filet du gril et attendez 10 minutes avant de l'émincer finement.

3 assembler

Débarrassez l'émincé de bœuf dans un saladier et ajoutez le concombre, la coriandre, la menthe, le piment et les échalotes d'Asie. Dans un bol, mélangez le sucre, le jus de citron vert et la sauce de poisson jusqu'à dissolution du sucre. Nappez le bœuf de sauce et mélangez soigneusement le tout. Répartissez la salade sur des assiettes de service. Saupoudrez de cacahuètes grillées et d'échalotes frites. Servez aussitôt.

VIANDES

Curry de bœuf masaman

POUR 4 PERSONNES
15 min de préparation
35 min de cuisson
FACILE

Chez le boucher
400 g de rumsteck

Chez le primeur
10 g de tamarin
2 pommes de terre
1 oignon

Chez l'épicier
3 c. à s. d'huile végétale
de 3 à 6 c. à s. de pâte
 de curry masaman (voir p. 20)
50 cl de lait de coco
1 c. à c. de sel
3 c. à s. de sucre de palme râpé
 ou de sucre roux
1 ½ c. à s. de sauce de poisson

Matériel
chinois

1 préparer

Faites tremper le morceau de tamarin dans 10 cl d'eau chaude. Pressez le tamarin dans l'eau pour que celle-ci s'imprègne de la saveur et de la couleur du fruit. Filtrez l'eau à l'aide d'un chinois et réservez-en 3 cuillerées à soupe. Coupez le bœuf en dés. Faites légèrement cuire les pommes de terre à l'eau (10 minutes) et coupez-les en morceaux. Épluchez et hachez l'oignon.

2 saisir

Faites chauffer l'huile dans un wok et laissez-y revenir la pâte de curry masaman pendant 3 minutes à feu doux. Quand le curry libère son arôme, passez sur feu moyen. Ajoutez les dés de bœuf, les pommes de terre et l'oignon. Laissez cuire ainsi jusqu'à ce que la viande commence à brunir.

3 assembler

Incorporez le lait de coco, le sel, le sucre et la sauce de poisson. Portez à ébullition, puis réduisez le feu et laissez cuire encore 15 minutes. Ajoutez l'eau de tamarin et prolongez la cuisson de 5 minutes. Répartissez le curry dans des assiettes de service. Servez bien chaud.

VIANDES

POUR 4 PERSONNES
20 min de préparation
10 min de cuisson
FACILE

Nouilles sautées au bœuf, sauce d'huître

Chez le boucher
300 g de rumsteck

Chez le primeur
2 gousses d'ail
1 poivron rouge
100 g de champignons shiitake
200 g de brocolis chinois
  ou de bok choy

Chez l'épicier
3 c. à s. de sauce soja
4 c. à s. de sauce d'huître
2 c. à c. de sucre en poudre
½ c. à c. de poivre blanc
1 ½ c. à s. d'huile d'arachide
300 g de nouilles hokkien

1 trancher

Émincez finement le bœuf. Épluchez et hachez les gousses d'ail. Émincez le poivron et les champignons. Hachez grossièrement le brocoli ou le bok choy.

2 mélanger

Préparez la sauce. Mélangez dans un bol la sauce soja, la sauce d'huître, le sucre et le poivre blanc.

3 cuire

Préchauffez l'huile dans un wok et saisissez-y le bœuf à feu vif. Une fois la viande dorée, ajoutez l'ail, le poivron rouge et les champignons. Laissez revenir 3 minutes, puis incorporez les nouilles hokkien et le brocoli. Prolongez la cuisson de 3 minutes. Versez la sauce dans le wok, laissez chauffer jusqu'à ébullition de celle-ci, puis retirez du feu. Servez aussitôt bien chaud.

VIANDES

POUR 4 PERSONNES
15 min de préparation
15 min de cuisson
FACILE

Curry de bœuf aux feuilles de citron kaffir

Chez le boucher
500 g de rumsteck

Chez le primeur
2 tiges de citronnelle
12 feuilles de citron kaffir
1 oignon rouge
200 g de haricots mange-tout
250 g de brocolis

Chez l'épicier
1 c. à s. d'huile végétale
1 ou 2 c. à s. de pâte de curry vert (voir p. 18)
40 cl de lait de coco
1 c. à s. de sauce de poisson
1 c. à s. de sucre de palme râpé ou de sucre roux

Pour accompagner
riz (facultatif)

1 préparer

Émincez la viande. Épluchez et écrasez la citronnelle. Hachez les feuilles de citron kaffir. Épluchez et émincez l'oignon rouge.

2 cuire

Faites chauffer l'huile dans un wok et faites-y revenir la pâte de curry vert à feu moyen pendant 3 à 5 minutes jusqu'à ce que son arôme se développe. Faites également dorer la viande dans le wok de 3 à 5 minutes. Ajoutez la citronnelle, les feuilles de citron kaffir et l'oignon, puis poursuivez la cuisson 3 minutes jusqu'à ce que ce dernier soit tendre.

3 assembler

Mouillez avec le lait de coco, incorporez les haricots mange-tout et les brocolis, puis laissez frémir pendant 5 minutes jusqu'à ce que les légumes soient tendres. Assaisonnez avec la sauce de poisson et le sucre.

VIANDES

Curry de porc Chiang Mai

POUR 4-6 PERSONNES
15 min de préparation
30 min de repos
25 min de cuisson
FACILE

Chez le boucher
500 g de filet de porc

Chez le primeur
10 g de tamarin
30 g de gingembre

Chez l'épicier
3 c. à s. de sauce de poisson
3 c. à s. de sucre de palme râpé ou de sucre roux
3 c. à s. de pâte de curry rouge (voir p. 20)
1 c. à c. de curry indien en poudre
3 c. à s. d'huile végétale
80 g de cacahuètes grillées

Matériel
chinois

1 préparer

Faites tremper le morceau de tamarin dans 10 cl d'eau chaude. Pressez le tamarin dans l'eau pour que celle-ci s'imprègne de la saveur et de la couleur du fruit. Filtrez l'eau à l'aide d'un chinois et réservez-en 3 cuillerées à soupe. Coupez le filet de porc en dés. Pelez et détaillez le gingembre en fines lamelles.

2 mariner

Mettez le porc, la sauce de poisson, le sucre, la pâte de curry rouge et le curry indien dans un récipient. Couvrez et laissez reposer pendant 30 minutes.

3 cuire

Faites chauffer l'huile dans un wok, ajoutez-y le porc mariné et la marinade. Laissez revenir pendant 5 minutes. Quand le porc change de couleur, ajoutez 50 cl d'eau, les cacahuètes, le gingembre et l'eau de tamarin. Portez à ébullition, puis réduisez le feu et laissez mijoter encore 20 minutes jusqu'à ce que la sauce épaississe. Servez aussitôt bien chaud.

VIANDES

POUR 4 PERSONNES
10 min de préparation
10 min de cuisson
FACILE

Sauté de porc sauce soja

Chez le boucher
500 g de filet de porc

Chez le primeur
1 oignon
2 gousses d'ail
2 grands piments rouges
10 g de feuilles de basilic thaï

Chez l'épicier
3 c. à s. d'huile végétale
4 c. à s. de sauce soja claire
1 c. à c. de sucre en poudre

Pour accompagner
riz (facultatif)

1 préparer

Émincez le filet de porc. Épluchez l'oignon et les gousses d'ail. Épépinez les piments. Hachez l'ail, puis émincez finement l'oignon et les piments.

2 saisir

Dans un wok, faites chauffer l'huile et saisissez-y le porc à feu vif jusqu'à ce qu'il dore de toutes parts. Ajoutez l'oignon et l'ail, puis laissez fondre et dorer l'oignon pendant 3 minutes.

3 assembler

Incorporez les piments, la sauce soja et le sucre. Laissez chauffer. Ajoutez les feuilles de basilic et laissez cuire encore 1 minute. Répartissez le porc ainsi cuisiné dans des assiettes de service. Servez aussitôt bien chaud.

VIANDES

Porc au piment et au basilic

POUR 4 PERSONNES
10 min de préparation
25 min de cuisson
FACILE

Chez le boucher
500 g de porc haché

Chez le primeur
3 gousses d'ail
100 g de haricots verts
1 petit piment rouge
10 g de feuilles de basilic

Chez l'épicier
1 c. à s. d'huile végétale
1 c. à s. de pâte de curry rouge (voir p. 20)
50 cl de lait de coco
2 c. à s. de sauce de poisson thaïe (nam pla)
2 c. à s. de sucre de palme râpé ou de sucre roux

Pour accompagner
riz (facultatif)

1 préparer

Épluchez et émincez les gousses d'ail. Épluchez les haricots verts. Émincez finement le piment en rondelles fines.

2 cuire

Faites chauffer l'huile dans un wok à feu moyen et faites-y revenir la viande hachée pendant 5 minutes jusqu'à ce qu'elle soit dorée. Ajoutez l'ail et la pâte de curry rouge. Poursuivez la cuisson 3 minutes jusqu'à ce que l'arôme du curry se développe.

3 assembler

Incorporez le lait de coco, les haricots verts, la sauce de poisson et le sucre. Portez à ébullition puis réduisez la flamme. Laissez mijoter à découvert pendant 15 minutes. Au moment de servir, ajoutez les feuilles de basilic et le piment rouge.

desserts

DESSERTS

Gâteau de banane à la noix de coco

POUR 4 PERSONNES
15 min de préparation
10 min de repos
50 min de cuisson
TRÈS FACILE

Chez le primeur
5 bananes bien mûres

Chez l'épicier
beurre pour le moule
100 g de noix de coco
  en copeaux
12,5 cl de lait de coco
100 g de farine de riz
35 g de fécule de maïs
125 g de sucre en poudre
3 c. à s. de lait concentré sucré

Pour accompagner
glace à la vanille

Matériel
moule à cake de 20 cm
  de diamètre, si possible à fond
  amovible

1 préparer

Pelez les bananes et écrasez-les en purée dans un bol. Préchauffez le four à 180 °C (th. 6). Beurrez le moule à cake.

2 assembler

Mettez la noix de coco en copeaux et le lait de coco dans un saladier, puis laissez reposer pendant 10 minutes. Ajoutez les bananes, la farine, la fécule de maïs, le sucre et le lait concentré dans le saladier. Mélangez le tout.

3 cuire

Versez cette pâte dans le moule, enfournez et laissez cuire pendant 50 minutes. Laissez refroidir un peu le gâteau avant de le démouler. Servez le gâteau chaud, accompagné de glace à la vanille.

DESSERTS

Bananes au lait de coco sucré

POUR 4 PERSONNES
5 min de préparation
10 min de cuisson
TRÈS FACILE

Chez le primeur
6 bananes plantain
ou 6 petites bananes
1 feuille de pandanus
(facultatif)

Chez l'épicier
12,5 cl de lait de coco
125 g de sucre en poudre
½ c. à c. de sel

1 trancher

Pelez les bananes et coupez-les en deux dans la longueur, puis de nouveau en deux.

2 assembler

Mettez le lait de coco et la feuille de pandanus (si vous l'utilisez) dans une casserole.

3 cuire

Laissez cuire, en remuant, jusqu'au point d'ébullition, sans laisser bouillir le lait de coco. Réduisez le feu. Ajoutez les bananes, le sucre et le sel, puis laissez frémir de 3 à 5 minutes. Ne prolongez pas la cuisson pour que les bananes restent fermes. Égouttez les bananes et servez-les avec un peu de lait de cuisson.

DESSERTS

Flan à la noix de coco

POUR 4 PERSONNES
10 min de préparation
30 min de cuisson
TRÈS FACILE

Chez l'épicier
3 œufs
3 c. à s. de copeaux de noix de coco
40 cl de lait de coco
4 c. à s. de sucre de palme râpé ou de sucre roux

Matériel
4 ramequins
panier vapeur en bambou
papier sulfurisé

1 préparer

Cassez les œufs dans un bol et battez-les légèrement. Faites griller quelques instants les copeaux de noix de coco à la poêle sans matières grasses. Réservez.

2 assembler

Mélangez au fouet le lait de coco, les œufs et le sucre dans un saladier.

3 cuire

Versez cette préparation dans quatre ramequins et déposez-les dans un panier vapeur en bambou chemisé d'une feuille de papier sulfurisé percée de quelques trous. Placez le panier vapeur au-dessus d'une casserole d'eau frémissante. Couvrez et laissez cuire pendant 30 minutes à la vapeur. Servez les flans agrémentés de copeaux de noix de coco grillés.

DESSERTS

Riz noir gluant

POUR 4-6 PERSONNES
10 min de préparation
1 nuit de trempage
30 min de cuisson
TRÈS FACILE

Chez l'épicier
210 g de riz noir gluant
50 g de sucre de palme râpé
   ou de sucre roux
50 cl de lait de coco

Matériel
passoire

1 tremper

La veille, versez le riz dans un bol ou un saladier, couvrez-le d'eau froide et laissez-le tremper toute la nuit. Le jour même, égouttez le riz à l'aide d'une passoire.

2 bouillir

Versez le riz et 1,5 l d'eau froide dans une casserole, portez à ébullition et laissez frémir pendant 20 minutes. Égouttez le riz soigneusement.

3 cuire

Dans une casserole, mélangez le sucre et le lait de coco jusqu'à dissolution complète du sucre, ajoutez le riz et laissez cuire pendant 10 minutes à feu moyen. Versez le riz ainsi préparé dans des bols de service. Servez chaud ou froid.

DESSERTS

Riz gluant à la mangue

POUR 4 PERSONNES
10 min de préparation
1 nuit de trempage
20 min de cuisson
FACILE

Chez le primeur
2 mangues

Chez l'épicier
280 g de riz gluant blanc
25 cl de lait de coco
60 g de sucre en poudre
1 pincée de sel

Matériel
passoire
panier vapeur en bambou
papier sulfurisé

1 préparer

La veille, versez le riz dans un bol ou un saladier, couvrez-le d'eau froide et laissez-le tremper toute la nuit. Le jour même, commencez par éplucher et émincer les mangues en lamelles.

2 cuire

Rincez le riz et égouttez-le soigneusement à l'aide d'une passoire. Mettez le riz dans un panier vapeur en bambou chemisé d'une feuille de papier sulfurisé percée de quelques trous. Placez le panier vapeur dans le wok au-dessus d'une eau frémissante, couvrez et laissez cuire pendant 20 minutes.

3 assembler

Versez le riz dans un saladier, ajoutez le lait de coco, le sucre et le sel. Mélangez le tout jusqu'à dissolution du sucre. Laissez reposer ce mélange environ 15 minutes de sorte que le riz absorbe le lait de coco. Servez le riz gluant accompagné des lamelles de mangue.

DESSERTS

Beignets de banane

POUR 4 PERSONNES
20 min de préparation
30 min de cuisson
FACILE

Chez le primeur
8 bananes

Chez l'épicier
50 cl d'huile végétale
75 g de farine de blé
100 g de farine de riz
1 c. à c. de levure chimique
3 c. à s. de sucre en poudre
½ c. à c. de sel
1 c. à s. de graines de sésame grillées
50 g de noix de coco séchée
25 cl d'eau de Seltz ou d'eau gazeuse
100 g de sucre de palme râpé ou de sucre roux
10 cl de crème fraîche liquide
10 cl de lait de coco

1 trancher

Pelez les bananes et coupez-les en deux.

2 assembler

Préparez la pâte à beignets. Dans un grand récipient, mélangez soigneusement la farine de blé, la farine de riz, la levure, le sucre, le sel, les graines de sésame et la noix de coco. Incorporez l'eau gazeuse petit à petit et travaillez ces ingrédients au fouet jusqu'à l'obtention d'une pâte lisse et épaisse. Trempez les bananes dans cette préparation.

3 frire

Préparez la sauce. Faites chauffer le sucre de palme, la crème et le lait de coco dans une petite casserole à feu moyen. Portez à ébullition et laissez frémir jusqu'à ce que la sauce épaississe. Réservez. Dans un wok ou une casserole, faites chauffer l'huile à feu moyen et laissez-y frire les bananes de 3 à 5 minutes jusqu'à l'obtention de beignets dorés et croustillants. Égouttez les beignets sur du papier absorbant. Présentez les beignets de banane avec la sauce servie à part.

DESSERTS

Crêpes à la banane

POUR 4 PERSONNES
10 min de préparation
1 ou 2 h de repos
20 min de cuisson
FACILE

Chez le primeur
4 bananes

Chez l'épicier
30 g de beurre
  + pour la cuisson
2 œufs
125 g de farine
1 pincée de sel
25 cl de lait

Pour accompagner
lait concentré sucré (facultatif)

1 préparer

Pelez et émincez finement les bananes. Faites fondre le beurre. Cassez les œufs dans un bol et battez-les légèrement.

2 assembler

Préparez la pâte à crêpes. Mélangez la farine et le sel dans un grand récipient. Dans un autre saladier, travaillez le lait, le beurre fondu et les œufs au fouet. Incorporez délicatement cette préparation à la farine et mélangez bien le tout. Laissez reposer la pâte pendant 1 ou 2 heures.

3 cuire

Faites chauffer 1 noix de beurre dans une poêle à feu moyen, versez-y un quart de la pâte et laissez cuire jusqu'à ce que la pâte commence à cloquer. Déposez environ un quart d'1 banane émincée au milieu de la crêpe, puis retournez-la et prolongez la cuisson de 2 minutes. Disposez la crêpe sur une assiette et agrémentez-la de quelques rondelles de banane. Réservez la crêpe au chaud dans le four à feu moyen pendant que vous faites cuire les autres crêpes. Servez les crêpes éventuellement accompagnées de lait concentré sucré.

DESSERTS

Crème caramel au combava

POUR 4 PERSONNES
30 min de préparation
4 h de réfrigération
40 min de cuisson
FACILE

Chez le primeur
6 feuilles de combava

Chez l'épicier
4 œufs
125 g de sucre semoule
25 cl de lait
25 cl de lait de coco
125 g de sucre en poudre

Matériel
4 ramequins
passoire fine
4 assiettes à dessert

1 préparer

Préchauffez le four à 160 °C (th. 5-6). Ciselez très finement les feuilles de combava. Cassez les œufs dans un bol et battez-les légèrement au fouet.

2 assembler

Pour réaliser le caramel, versez le sucre semoule dans une casserole. Faites chauffer quelques instants à feu doux pour le dissoudre, puis augmentez le feu pour le faire caraméliser. Versez le caramel dans le fond des ramequins. Dans une casserole, mélangez le lait, le lait de coco et les feuilles de combava. Portez à ébullition. Laissez alors infuser pendant 15 minutes hors du feu, puis filtrez à l'aide d'une passoire fine.

3 cuire

Fouettez le sucre en poudre et les œufs dans un saladier. Incorporez le lait et répartissez ce mélange dans les ramequins. Placez-les dans un grand plat et versez-y de l'eau jusqu'à mi-hauteur. Enfournez le tout pour 40 minutes de cuisson. À la sortie du four, laissez refroidir les crèmes au moins 4 heures au réfrigérateur. Pour servir, démoulez-les sur des assiettes à dessert.

Glossaire

AIL L'ail thaï, plus petit que l'ail commun de nos jardins européens, est légèrement plus fort. Choisissez des petites gousses d'ail jeunes à la peau fine si vous ne disposez pas d'ail thaï.

AIL FRIT Vendu en pot dans les épiceries asiatiques, on l'utilise pour assaisonner les soupes, les bouillons, les sautés, les salades et les nouilles. Si vous avez le temps de le préparer, il n'en sera que meilleur. Émincez l'ail en chemise en lamelles aussi fines que possible et faites-les frire jusqu'à ce qu'elles soient dorées et croustillantes. Égouttez-les sur du papier absorbant et laissez-les sécher soigneusement.

AUBERGINES (POIS) Ces aubergines ressemblent à des petits pois et se présentent par petites grappes. Croquantes et légèrement amères, on les ajoute entières dans les currys, les soupes et les sautés.

AUBERGINES (MINI) Rondes comme des balles de golf, elles sont soit vert et blanc, soit mauve pâle et blanc. Elles noirciront rapidement une fois coupées. Pour éviter ce noircissement, faites-les tremper dans du jus de citron et de l'eau avant de les cuisiner. On les emploie le plus souvent dans les currys, surtout verts.

BASILIC Les Thaïlandais cuisinent plusieurs types de basilics, mais le plus courant est le basilic thaï. Cette variété qui affiche des feuilles panachées et des tiges légèrement pourprées révèle une forte saveur anisée. On l'emploie très couramment dans les currys, les sautés et les soupes où il est généralement intégré en fin de cuisson ou bien saupoudré sur les plats en garniture. À défaut, vous pourrez le remplacer par du basilic commun.

CHOU CHINOIS Le chou chinois ou « wom bok » possède une délicate saveur de moutarde et s'utilise couramment dans les salades, les soupes et les sautés. On pourra le remplacer par un chou à feuilles frisées que l'on prendra alors soin d'émincer finement.

CITRONNELLE Cette plante qui ressemble à une herbe s'emploie dans les soupes, les pâtes de curry et le thé. Supprimez toutes les feuilles externes sèches et n'utilisez que la base blanche. Jetez les feuilles vertes du haut ou gardez-les pour faire du thé. La citronnelle peut se cuisiner émincée, finement hachée ou écrasée dans un mortier. La citronnelle sèche révèle un arôme plus subtil. Il faudra la faire tremper dans l'eau chaude avant emploi.

CONFITURE DE PIMENTS Également connue sous le nom de « nam prik pao », cette confiture est utilisée dans les sautés et dans les soupes. Elle est plus douce qu'épicée. Vous la trouverez en conserve dans les épiceries asiatiques.

CORIANDRE Appelée aussi « persil chinois », la coriandre est très utilisée dans la cuisine thaïe. Sa racine, qui révèle une délicieuse saveur poivrée, entre souvent dans la préparation des pâtes de curry et des pâtes de poivre et d'ail. Conservez-la dans un récipient hermétique enveloppée dans un papier absorbant humide. Ses feuilles serviront à parfumer les plats ou entreront dans la confection des pâtes de curry, notamment pour colorer la pâte de curry vert.

CORIANDRE (GRAINES) Les graines de coriandre se réservent une place de choix dans la cuisine thaïe et sont souvent employées dans les pâtes de curry. Faites-les griller à feu doux dans un wok avant de les écraser. Faites griller la quantité nécessaire à chaque plat, car les graines ne se conservent pas.

CRÊPES DE RIZ SÉCHÉES Elles sont rondes ou carrées et de dimensions variées. Fragiles, on les trempe quelques secondes dans l'eau chaude pour les ramollir.

CREVETTES SÉCHÉES Les petites crevettes séchées sont utilisées couramment dans les salades, les soupes, les sautés et les nouilles thaïlandaises. Pour les conserver longtemps, gardez-les au réfrigérateur. Leur qualité variant d'une marque à l'autre, choisissez de préférence des crevettes séchées de couleur naturelle, certaines marques optant pour des colorants artificiels.

CURCUMA Le curcuma frais est plus souvent présent dans la cuisine du sud de la Thaïlande. C'est un ingrédient essentiel de la pâte de curry jaune qui ressemble à de petits rhizomes de gingembre au cœur orange. Il est conseillé de porter des gants quand on le prépare car il colore tout ce qui entre en contact avec lui. On peut remplacer le rhizome par du curcuma en poudre, mais en quantités infimes, car il est beaucoup plus fort.

CURRY EN POUDRE Le curry indien est un ingrédient courant dans la cuisine de sud de la Thaïlande. C'est l'ingrédient esentiel de la pâte de curry jaune que l'on trouve souvent dans les recettes de poulet et de poisson.

ÉCHALOTES D'ASIE Elles sont plus petites que les échalotes françaises. On les trouve regroupées en petites grappes violacées qui rappellent les gousses d'ail. On peut les remplacer au besoin par des oignons rouges. Ces échalotes se cuisinent dans les pâtes de curry, les soupes et les salades. On peut aussi les faire frire pour agrémenter les salades ou les servir en garniture. Les échalotes frites sont également vendues en bocal dans les épiceries asiatiques.

FEUILLE DE PANDANUS Cette longue feuille vernissée du palmier à vis est utilisée en Thaïlande pour aromatiser les desserts. On la noue généralement avant de l'incorporer dans les plats pour les parfumer. Vous les trouverez fraîches ou congelées dans les épiceries asiatiques. Congelées, vous pourrez prélever uniquement la quantité souhaitée et remettre le reste au congélateur.

FEUILLES DE CITRON KAFFIR Elles s'utilisent partout dans la cuisine thaïe. Dans le déroulé d'une recette, la quantité d'une feuille signifie deux feuilles se trouvant à la jonction d'une même tige. Il faut donc supprimer cette tige coriace et ciseler les feuilles pour une soupe ou un curry, encore plus finement dans une salade ou un sauté. Fraîches, on pourra les congeler. Elles s'utilisent aussi sèches, mais elles perdent cette merveilleuse saveur acide de citron vert.

GALANGA Couramment utilisé dans la cuisine thaïe, le galanga appartient à la famille du gingembre, mais sa saveur est plus amère. De couleur blanc crème avec des tiges rosées quand il est jeune, il est parfait pour aromatiser les soupes, et porte alors le nom de « tom kai gai ». Plus vieux, ses tiges sont d'un rose plus foncé, et il commence à sécher : il est alors idéal dans les pâtes de curry.

GALETTES DE RIZ Généralement vendues congelées, il faudra prévoir de les décongeler avant usage. Séparez délicatement les galettes les unes des autres et conservez-les dans un torchon humide pour éviter qu'elles ne sèchent quand vous confectionnez les premiers nems et rouleaux de printemps.

GINGEMBRE Peu fréquent dans la cuisine thaïlandaise, le gingembre apparaît le plus souvent dans les plats d'origine chinoise. Accommodez-le avec un poisson à la vapeur, une soupe ou une salade. Il sert très souvent à atténuer le goût de poisson de certains plats.

HARICOTS SERPENTS OU HARICOTS LONGS Ces haricots longs comme des fouets se cuisinent dans les croquettes de poisson, les salades, les soupes et les currys. Comme ils ont tendance à durcir et à sécher en vieillissant, choisissez les plus jeunes. Au besoin, on pourra les remplacer par des haricots verts.

LAIT DE COCO ET CRÈME DE COCO Il est difficile de nos jours de faire la différence entre le lait de coco et la crème de coco en boîte. Si vous voulez utiliser la crème, ne secouez pas la boîte et récupérez la crème qui s'est formée dans le haut de la boîte avec une cuillère.

NOUILLES DE RIZ FRAÎCHES En vente dans les épiceries asiatiques soit à température ambiante, et il faut les cuisiner le jour même, soit au rayon réfrigéré, auquel cas elles sont plus friables et difficiles à séparer. Il faut alors les porter à température ambiante avant de les préparer.

NOUILLES DE RIZ SÈCHES Ces nouilles thaïlandaises ou « pad thaï » sont de largeurs variées. Si vous avez le temps, laissez-les tremper dans l'eau froide, ce qui les empêchera de trop cuire et de se défaire quand vous les ferez sauter.

NOUILLES HOKKIEN FRAÎCHES Ces nouilles fraîches aux œufs sont plus chinoises que thaïlandaises, mais on les retrouve souvent dans les sautés. Précuites, il n'est pas nécessaire de les faire tremper. Il suffit juste de les séparer avant de les accommoder dans le wok.

PAPAYE On trouve la papaye verte, qui n'est pas encore mûre, dans la salade de papayes vertes. Choisissez un fruit bien ferme et conservez-le au réfrigérateur pour qu'il cesse de mûrir.

PÂTE DE CREVETTE La pâte de crevette ou « kapi » a un goût très prononcé. Une fois salée, on la laisse fermenter puis sécher au soleil pendant un an. Vendue en bloc ou en tube (plus facile à utiliser et à refermer), on peut l'ajouter dans les plats telle quelle ou l'envelopper dans du papier d'aluminium et la faire griller pour qu'elle développe son arôme. Conservée au réfrigérateur dans un récipient hermétique, elle se garde des années.

PIMENTS OISEAUX ROUGES Ces piments s'utilisent avec prudence ! N'oubliez pas que leur force est dans les graines et la membrane. Pour un plat très épicé, hachez-les. Pour un plat moyennement épicé, coupez-les en deux et pour un plat peu épicé, laissez-les entiers.

PIMENTS ROUGES (GRANDS) Très courants dans la cuisine thaïe, ces piments ne sont pas cuisinés pour leur force, mais pour leur aspect. Débarrassez-les de leurs graines et émincez-les finement pour en garnir une salade, une soupe ou un curry. Pour une saveur plus épicée, laissez les graines.

PIMENTS OISEAUX VERTS Plus doux que les piments oiseaux rouges, on peut s'en servir pour confectionner la pâte de piment vert. En général, ils ne sont pas aussi forts que les grands piments verts.

VERMICELLES DE RIZ SECS On confond souvent ces nouilles de riz extrafines avec les vermicelles de soja, mais elles sont plus blanches une fois réhydratées. On peut les faire frire encore secs ou bien les faire tremper dans l'eau froide avant de les accommoder dans les soupes et les salades.

VERMICELLES DE SOJA Les vermicelles de soja sont des nouilles transparentes à base de haricots mungo que l'on emploie dans les soupes, les salades et les rouleaux de printemps. Il faut les faire tremper dans l'eau chaude avant emploi.

Index pratique

ANANAS,
Légumes aigres-doux 62
Canard au curry et à l'ananas 98

ASPERGE,
Légumes sautés 52
Nouilles épicées au poulet 106

AUBERGINE (MINI),
Aubergines sautées 56
Curry de tofu et de légumes verts 68
Curry vert de poulet parfumé 102

AUBERGINE POIS,
Curry vert de poulet aux aubergines 96
Curry vert de poulet parfumé 102

BANANE,
Gâteau de banane à la noix de coco 140
Beignets de banane 150
Crêpes à la banane 152

BANANE PLANTAIN,
Bananes au lait de coco sucré 142

BAR,
Bar vapeur, citronnelle et piment 72

BŒUF,
Soupe de nouilles de riz au bœuf 40
Bœuf Penang 118
Salade de bœuf grillé 124
Curry de bœuf masaman 126
Nouilles sautées au bœuf,
sauce d'huître 128
Curry de bœuf aux feuilles
de citron kaffir 130

BROCOLI CHINOIS,
Pad siewe (nouilles de riz,
légumes et tofu) 60
Curry de tofu et de légumes verts 68
Nouilles de riz plates aux fruits de mer 76
Poulet sauce satay 92
Nouilles sautées au bœuf,
sauce d'huître 128
Curry de bœuf aux feuilles de citron
kaffir 130

BROCOLINI,
Poulet pimenté au basilic 104
Nouilles épicées au poulet 106

CACAHUÈTE,
Som tom (salade de papayes vertes,
cacahuètes et piment) 50
Poulet sauce satay 92

CALAMAR,
Nouilles de riz plates aux fruits de mer 76
Riz sauté aux fruits de mer 80
Calamars sautés ail et poivre 82

CANARD,
Canard au curry et à l'ananas 98

COMBAVA,
Curry vert de poulet aux aubergines 96

CAROTTE,
Nems 42
Rouleaux de printemps 46
Pad siewe (nouilles de riz,
légumes et tofu) 60
Curry de tofu et de légumes verts 68
Poulet sauce satay 92

CÉLERI,
Sauté de poulet au gingembre et pois
gourmands 112

CHAMPIGNON,
Soupe de nouilles, porc et crevettes 32
Tom yum goong (soupe de crevettes) 34
Tom kha gai (soupe de poulet) 36
Légumes sautés 52
Nouilles sautées au bœuf,
sauce d'huître 128

CHOU CHINOIS,
Nems 42
Salade satay au tofu épicé 66
Laab moo (porc haché aux herbes,
concombre et chou chinois) 122

CHOU-FLEUR,
Pad siewe (nouilles de riz,
légumes et tofu) 60

CHOY SUM,
Légumes sautés 52

CONCOMBRE (MINI),
Croquettes de poisson 30
Légumes aigres-doux 62
Pad thaï au poulet 108
Laab moo (porc haché aux herbes,
concombre et chou chinois) 122
Salade de bœuf grillé 124

COQUILLE SAINT-JACQUES,
Curry chu chi de noix de Saint-Jacques et
poisson blanc 84

CREVETTE,
Croquettes de poisson 30
Soupe de nouilles, porc et crevettes 32
Tom yum goong (soupe de crevettes) 34
Boulettes de crevette 38
Nems 42
Rouleaux de printemps 46
Nouilles de riz plates aux fruits de mer 76
Crevettes à la confiture
de piments et basilic 78
Riz sauté aux fruits de mer 80
Salade de crevettes glacées 86

GALETTE DE RIZ,
Nems 42
Rouleaux de printemps 46

HARICOT LONG,
Croquettes de poisson 30

HARICOT MANGE-TOUT,
Curry de bœuf aux feuilles
de citron kaffir 130

HARICOT MUNGO,
Salade satay au tofu épicé 66

HARICOT VERT,
Riz frit aux légumes 64
Poulet sauce satay 92
Curry vert de poulet parfumé 102
Curry de poulet au maïs et pousses de
bambou 114
Porc au piment et au basilic 136

LAITUE,
Rouleaux de printemps 46

LUTJAN,
Lutjan frit sauce aigre-douce 74

MAÏS,
Légumes sautés 52
Légumes aigres-doux 62
Nouilles de riz plates aux fruits de mer 76
Curry de poulet au maïs et pousses de
bambou 114

MANGUE,
Riz gluant à la mangue 148

NOIX DE CAJOU,
Poulet sauté aux noix de cajou 94

NOIX DE COCO (COPEAUX),
Gâteau de banane à la noix de coco 140
Flan à la noix de coco 144
Beignets de banane 150

NOUILLES DE RIZ,
Soupe de nouilles de riz au bœuf 40
Pad siewe (nouilles de riz,
légumes et tofu) 60
Nouilles de riz plates aux fruits de mer 76

NOUILLES HOKKIEN,
Nouilles épicées au poulet 106
Nouilles sautées au bœuf,
sauce d'huître 128

ŒUFS,
Salade mee grob 58
Pad siewe (nouilles de riz,
légumes et tofu) 60
Riz frit aux légumes 64
Pad thaï au poulet 108
Flan à la noix de coco 144
Crêpes à la banane 152
Crème caramel au combava 154

PATATE DOUCE,
Feuilletés de légumes au curry 44

PÂTE DE RIZ,
Pad thaï au poulet 108

PAPAYE VERTE,
Som tom (salade de papayes vertes,
cacahuètes et piment) 50

PETIT POIS,
Feuilletés de légumes au curry 44

Riz frit aux légumes	64	Salade mee grob	58
POIS GOURMAND,		Riz frit aux légumes	64
Légumes sautés	52	Riz sauté aux fruits de mer	80
Curry de tofu et de légumes verts	68	Pad thaï au poulet	108
Laab moo (porc haché aux herbes, concombre et chou chinois)	122	Laksa de poulet	110
POISSON BLANC,		**TOFU**	
Riz sauté aux fruits de mer	80	Tofu sauté ail et poivre	54
Curry chu chi de noix de Saint-Jacques et poisson blanc	84	Salade mee grob	58
		Pad siewe (nouilles de riz, légumes et tofu)	60
POMME DE TERRE,		Salade satay au tofu épicé	66
Feuilletés de légumes au curry	44	Curry de tofu et de légumes verts	68
Curry jaune de poulet	100	Pad thaï au poulet	108
Curry de bœuf masaman	126	**TOMATE,**	
PORC,		Tom yum goong (soupe de crevettes)	34
Porc sauce satay	26	Som tom (salade de papayes vertes, cacahuètes et piment)	50
Dip de porc et caramel	28	Légumes aigres-doux	62
Soupe de nouilles, porc et crevettes	32	Riz frit aux légumes	64
Travers de porc à la façon nord-thaïlandaise	120	Riz sauté aux fruits de mer	80
Laab moo (porc haché aux herbes, concombre et chou chinois)	122	Canard au curry et à l'ananas	98
Curry de porc Chiang Mai	132	Curry de poulet au maïs et pousses de bambou	114
Sauté de porc sauce soja	134	**VERMICELLES DE RIZ,**	
Porc au piment et au basilic	136	Rouleaux de printemps	46
POULET,		Laksa de poulet	110
Tom kha gai (soupe de poulet)	36	**VERMICELLES DE SOJA,**	
Poulet grillé Bangkok	90	Soupe de nouilles, porc et crevettes	32
Poulet sauce satay	92	Nems	42
Poulet sauté aux noix de cajou	94	Salade mee grob	58
Curry vert de poulet aux aubergines	96		
Curry jaune de poulet	100		
Curry vert de poulet parfumé	102		
Poulet pimenté au basilic	104		
Nouilles épicées au poulet	106		
Pad thaï au poulet	108		
Laksa de poulet	110		
Sauté de poulet au gingembre et pois gourmands	112		
Curry de poulet au maïs et pousses de bambou	114		
POUSSE DE BAMBOU,			
Curry jaune de poulet	100		
Curry vert de poulet parfumé	102		
Curry de poulet au maïs et pousses de bambou	114		
RIZ AU JASMIN,			
Riz frit aux légumes	64		
Riz sauté aux fruits de mer	80		
RIZ BLANC GLUANT,			
Riz gluant à la mangue	148		
RIZ NOIR GLUANT,			
Riz noir gluant	146		
SÉBASTE,			
Croquettes de poisson	30		
SOJA,			
Soupe de nouilles de riz au bœuf	40		

Ouvrage co-réalisé en Grande-Bretagne, par :
Coordination éditoriale : Catie Ziller
Auteur : Jody Vassallo
Photographies : Deirdre Rooney
Styliste : Amelia Wasiliev
Graphiste : Helen McTeer
Direction artistique couverture : d'après Rashna Mody Clark

Édition anglaise : Kathy Steer
Édition française : Nelly Mégret

Le droit moral de Jody Vassallo à être reconnu comme l'auteur de ce livre est garanti par le copyright, design and Patents Act 1988.

Tous droits réservés. Toute reproduction ou utilisation de l'ouvrage sous quelque forme et par quelque moyen numérique, analogique, photocopie, enregistrement ou autre que ce soit, est strictement interdite sans l'autorisation de l'éditeur.

Copyright © 2011 Hachette Livre (département Marabout)

Achevé d'imprimer sur les presses de Cayfosa, Espagne
ISBN : 978-2-501-07237-3
Dépôt légal : mars 2011
40-7643-6/01